国家自然科学基金青年基金项目"k-可分流最小拥塞的算法研究"（11701595）

带有前瞻的
平行机在线排序研究

焦成文 ● 著

西南财经大学出版社
Southwestern University of Finance & Economics Press

中国·成都

图书在版编目（CIP）数据

带有前瞻的平行机在线排序研究/焦成文著.

成都:西南财经大学出版社,2024.10. --ISBN 978-7-5504-6353-0

Ⅰ.C931.1

中国国家版本馆 CIP 数据核字第 20247Z1M65 号

带有前瞻的平行机在线排序研究

DAIYOU QIANZHAN DE PINGXINGJI ZAIXIAN PAIXU YANJIU

焦成文 著

策划编辑:孙 婧
责任编辑:植 苗
责任校对:廖 韧
封面设计:何东琳设计工作室
责任印制:朱曼丽

出版发行	西南财经大学出版社(四川省成都市光华村街 55 号)
网 址	http://cbs.swufe.edu.cn
电子邮件	bookcj@swufe.edu.cn
邮政编码	610074
电 话	028-87353785
照 排	四川胜翔数码印务设计有限公司
印 刷	成都市新都华兴印务有限公司
成品尺寸	170 mm×240 mm
印 张	10.25
字 数	192 千字
版 次	2024 年 10 月第 1 版
印 次	2024 年 10 月第 1 次印刷
书 号	ISBN 978-7-5504-6353-0
定 价	58.00 元

前　言

　　平行机在线分批排序问题是在线排序一个非常活跃的研究方向，该类排序是一类复杂的排序问题，主要用于处理多台机器同时工作时的任务分配问题．平行机在线分批排序的研究背景主要源于现代生产制造、并行计算以及公共服务等领域的实际需求．随着工业化和信息化的快速发展，多机器并行处理任务已成为常态，如何高效地安排和调度这些机器以完成一系列工作（或任务），成为一个亟待解决的问题．平行机在线分批排序正是在这种背景下应用而生．它主要研究的是在工件信息分阶段逐步释放给决策者的情况下，如何根据当前已知的信息，将工件合理地分配到多台平行机器上，并决定哪些工件可以组成一批进行同时加工，以优化某个或某些目标函数（如最小化时间表长、最小化最大流程、最小化总完工时间、最小化加权总完工时间等）．这种排序模型不仅考验着决策者的实时决策能力，还需要考虑到工件的加工顺序、机器的负载平衡、批次的容量限制等多个因素．

　　关于平行机在线分批排序的相关研究已有很多，前期研究的在线排序问题为纯在线排序，然而，在工件到达之前我们对工件的信息如加工时间、到达时间一无所知，为了提高算法的效率，一类具有前瞻性的排序问题被提出，其提出背景主要源于制造业中对机器资源和加工任务的合理利用和安排次序的优化问题．具有前瞻区间的平行机排序问题在多个领域被广泛应用，如在制造业中，企业需要根据订单信息和生产能力，合理安排生产任务到多台机器上，以最小化生产周期和成本；在物流运输中，物流公司需要根据货物的到达时间和运输能力，优化运输路线和车辆调度，以提高运输效率和客户满意度；在计算机科学中，任务调度器需要根据任务的到达时间和资源需求，合理分批计算资源，以提高系统的吞吐量和响应速度．

　　在具有前瞻性的排序问题中，由于决策者可以提前预知部分工件的某些信息，综合考虑了这些信息后给出的决策往往可以在某种程度上大大提高算法的性能. 对于在线排序一般需要设计相应的在线算法, 而在线算法设计的关键就在于给出在线算法的算法步骤, 并分析算法的竞争比. 一个好的在线算法即为算法竞争比和问题下界非常接近的算法, 如果两者相等, 则称其为最好可能的在线算法.

本书主要对具有前瞻区间的平行机在线分批排序问题进行系统深入的研究, 对各种不同的排序问题给出在线算法, 并分析算法竞争比. 本书所研究的优化目标主要包括两类: 最小化时间表长和最小化最大流程. 对某个排序安排, 时间表长表示所有工件完工时间的最大值, 用于衡量系统或机器处理所有任务的时间. 所谓最小化时间表长, 就是尽可能让工件最大的完工时间最小. 最小化时间表长主要是从生产者的角度考虑, 生产者一般希望可以在最短时间内加工完所有工件, 也即占用机器的时间尽可能的小, 这样可以节省资源、提高效率; 而最小化最大流程则主要是从被服务者的角度考虑, 流程表示从工件到达到完工的这段时间, 被服务者希望逗留在系统中的时间尽可能的小, 尽量减少其等待时间. 一般情况下, 最小化最大流程的研究比最小化时间表长要复杂得多.

本书第 1 章引言部分主要对排序问题的研究背景、当前的研究现状、取得的相关研究结果等进行阐述. 第 2 章主要对无前瞻区间的平行机在线排序问题进行研究, 对于工件加工长度相等、批容量有界或无界、优化目标为最小化时间表长的排序问题以及批容量无界、优化目标为最小化时间表长的排序问题列举了当前研究的最好可能的在线算法; 针对优化目标为最小化最大流程的排序问题, 对五类不同的排序问题进行了研究; 当所有工件加工长度相等时, 对批容量有界和无界均给出了最好可能的在线算法; 对于几类特殊情形, 也给出了最好可能的在线算法. 第 3 章主要对具有固定前瞻区间长度的平行机在线排序问题进行研究, 列举了当前研究的一些主要结果. 第 4 章对具有线性前瞻区间的排序问题进行了研究, 所研究的具有线性前瞻区间的排序模型是郑州大学原晋江教授于 2017 年提出的. 近几年来, 笔者对此排序模型进行了深入研究, 得到了丰富的成果: 对于工件加工长度相等、批容量无界、优化目标为最小化时间表长的排序问题, 依据参数的不同情形, 分别给出了最优和最好可能的在线算法; 对于批容量有界、工件加工长度相等的情形设计了在线算法, 该算法在某些情形下是最好可能的; 对于其他的一些排序问题, 也均给出了相应的结果. 第 5 章从算法设计与优化、问题模型拓展、应用领域拓展、理论与实践结合、技术挑战与应对多个维度对具有前瞻的平行机在线排序问题进行展望, 以期在未来能够更深入地挖掘其发展潜力.

当前对于具有线性前瞻区间的平行机在线分批排序问题的研究还比较少,

依然有很多的问题亟待研究. 比如, 对于优化目标为最小化时间表长、批容量有界、工件加工长度任意的排序问题, 优化目标为最小化最大流程、批容量有界、工件加工长度相等或不相等的排序问题, 优化目标为其他的一些相关的具有线性前瞻区间的排序问题等都是未来可以深入研究的方向. 接下来, 笔者会继续致力于该排序模型的研究, 以期得到更多的结果.

限于写作时间和作者水平, 本书难免存在不足, 恳请各位专家读者批评指正.

焦成文

2024 年 6 月

目　录

1 引言

排序是一类重要的组合优化问题，它广泛地应用于管理科学、计算机科学和工厂技术等很多领域，也是运筹学研究的一个非常活跃的分支. 排序问题产生的背景主要是机器制造. 排序问题是利用一些处理机，对于给定的一批任务或作业，给出最优的作业方案. 对一个排序问题的描述，是由处理机的数量、种类与环境，以及任务或作业的性质和目标函数所组成的. 根据工件或任务所具有的不同性质，排序问题可分为离线排序与在线排序. 离线排序问题通常被称为经典排序问题. 在该排序模型中，工件或任务的所有信息都是已知的. 而在在线排序问题中，决策者在制定排序方案之前，对诸如加工时间、工件到达时间、工件权重等工件的信息并不清楚. 在线排序又分为三大类: 时间在线（online-time）排序、列表在线（online-list）排序和不可预测的时间在线（online-time-nclv）排序.

时间在线排序: 工件是随着时间到达的. 工件的信息，如工件的加工时间、到达时间、期限、权重等在工件的到达时刻才可获知. 工件在到达之前不可以被安排，一旦安排就不能改变.

列表在线排序: 工件是排列成一个序列到达的. 前面的工件到达之后必须马上被安排，否则后面的工件就无法到达. 其中，安排不等于加工，对于平行机列表在线排序问题，安排只是确定工件在哪台机器上加工，每台机器上的工件或批的具体加工顺序可以不用立即确定; 对于单机的分批列表在线排序问题，安排是确定工件在哪一批，机器上批的具体加工顺序可以不用立即确定.

不可预测的时间在线排序: 工件是随着时间到达的，但是工件的加工时间是只有在工件完工之后才可获知，而工件的到达时刻无法得知或预知.

分批排序是一类新的现代排序模型. 分批排序的产生背景主要是制造大规模集成电路板的 burn-in 工序，更多详细介绍可参考 Mao 等（1994）的研究. 由于它有着广泛的现实应用背景，近年来关于这方面的研究成果也是层出不穷. 批处理机排序问题广泛地应用在工业生产中，像半导体材料制造过程中的耐高温检测等. 传统排序研究通常假设机器在任何时刻最多只能加工一个工件，而现代排序突破了这种假设. 在半导体制造业、金属冶炼工业、航空工业等大规模的生产流水线作业中，机器往往可以同时加工多个工件. 这类能够同时加工多个工件的机器统称为"批处理机". 在批处理机排序中，同一批工件具有相同的开工时间和完工时间. 根据批容量 b 的大小，批处理机分为两类：批容量无界 $b = \infty$，可以在一批中安排任意多个工件；批容量有界 $b < \infty$，每一批可以安排的工件个数有限，不可以超过批的容量. 批处理机根据加工安排方式又可以分为平行批（parallel-batch）处理机和继列批（serial batch）处理机. 其中，平行批是指同一批中的工件是同时开工且同时完工的，每一批的加工时间等于该批中最长工件的加工时间；继列批是指一批中的工件是排列成一个序列进行的，同一批中的工件也具有相同的开工时间和完工时间，但每一批的加工时间等于该批中所有工件加工时间之和.

对在线排序问题的一个实例进行排序时，在线算法一般是得不到（离线）最优解的；而对于同一个在线排序问题，不同的在线算法所达到的效果也是不一样的. 通常用竞争比来衡量一个在线算法的好坏. 在线算法 A 的竞争比 ρ_A 定义为排序问题所有实例的在线算法得到的值与离线最优解比值的上确界. 对于最小化问题，ρ_A 的值往往大于 1，且对于同一个在线排序问题，ρ_A 越接近于 1 的在线算法，其算法性能也就越好.

对于一个最小化在线排序问题，如果该问题不存在竞争比小于 τ 的在线算法，称该问题的竞争比的下界为 τ. 为得到下界，一般采用对手法构造一个实例，使得任何在线算法应用到此实例上得到的竞争比都不小于 τ 来得到. 如果在线算法的竞争比等于问题竞争比的下界，就称该算法是一个最好可能的在线算法.

对于一个在线排序问题的算法设计,通常从以下三步来对其进行研究:

第一步:构造问题竞争比的下界.在寻找一个在线排序问题理想下界的过程中,利用对手法构造"最坏"实例是常用的研究手段.构造出理想的"最坏"实例需要很强的技巧和丰富的经验积累.首先要建立各种情形下最坏实例的若干基本模块,其次对基本模块进行链接并在构造整体实例过程中进行嵌套使用以达到理想的效果.利用计算机进行数据模拟是一种不可或缺的辅助手段;对于难度较大的问题,一般要通过大量实例的构造才能找出其最坏实例的基本规律.

第二步:设计在线算法.在线算法的特点是决策者在每个决策时刻(工件到达时刻或机器空闲时刻)都要考虑选择加工现有工件(批)或延迟加工现有工件(批)对目标函数值的影响.延迟法是研究最小化时间表长和最小化最大流程等排序问题中,在设计在线算法的过程中常用的方法.例如,在最小化时间表长、工件加工长度相等、批容量有界的平行机在线分批排序问题中,当前时刻有机器空闲,如果当前可用工件(已经到达但还未加工的工件)的数目小于批容量,构不成满批,可能需要等待一段时间.在等待的这段时间内可能会有新的工件到达,可以放入非满批一起加工,但等待时间不能过长,否则会造成机器资源的浪费,对目标函数也会造成不利的影响.对于批容量无界情形,虽然每个加工批对工件数目没有限制,但当前批可能仍然需要等待一段时间以达到更好的效果.所以延迟法的关键在于确定等待准则,即哪些工件需要等,需等待多长时间.针对本书中第 4 章所研究的带有线性前瞻区间的排序问题,也主要考虑用延迟法来设计在线算法.例如,对于优化目标为最小化时间表长,工件加工长度相等,批容量无界的平行机在线排序问题.假设在当前时刻 t,有机器空闲,有可用工件,还可以知道时间区间 $(t, \lambda t + \beta]$ 内将要到达的工件信息;如果在这个区间内确有工件到达,则当前工件必须要等待,至少等待到这个时间区间内最后一个工件的到达时刻,此时再考虑是加工还是继续等待，需要给出等待准则；若在这个时间区间内没有工件到达，是在当前时刻加工，还是等待，都要进行严格的理论分析之后才能给出等待准则. 在线算法的设计通常要在确定等待准则上花费比较大的功夫.

第三步：分析在线算法的竞争比. 分析一个在线算法竞争比的性能通常从两方面来入手：一是通过考察排序问题离线最优解的结构特征寻求离线最优值的一个紧的下界，其技术要点在于对离线最优排序的局部特征和整体特征的综合分析；二是先通过分析在线算法可能发生的所有情形，估计在线目标函数值紧的上界，再结合离线最优值的分析最终得到算法竞争比的估计值. 本书将主要采用实例归结法、分类分析法等给出在线算法的竞争比. 实例归结法是将关于一个排序问题的所有实例通过一些办法归结为具有某些特征的一些实例，并且该类实例具有代表性，可以反映出在线算法关于该排序问题的竞争比的最大上界. 因此，分析一个在线算法关于一个排序问题的竞争比，只需研究该算法关于通过实例归结法得到的一类实例的竞争比大小即可. 例如，对于批容量无界、工件加工长度相等、目标为最小化时间表长或最小化最大流程的平行机在线分批排序问题，在某个时刻同时到达多个工件与只到达一个工件，对于目标值的影响是一致的，所以可以假设实例中所有工件的到达时间是不相同的；但若是批容量有界的情形，此类实例归结法就已经不适用. 实例归结法的关键在于对不同的排序问题选择合适的归结方法，使归结后的工件实例具有代表性. 分类分析法是将在算法执行过程中可能出现的所有情形进行分类分析，综合所有情形得到竞争比的大小. 该方法的关键在于对算法目标值的上界和离线最优目标值的下界进行合理的估计. 此外，反证法、数据舍入、参数待定、工件黏合、数据成比例放大或缩小等技巧也将被广泛地应用于在线算法竞争比的分析之中.

关于平行机在线排序问题，已经有了很多的研究成果并拥有了一系列好的在线算法. 但即便如此，为了设计更好的在线算法，一类具有前瞻性的半在线排序问题在近年来得到了广泛关注. 在此类排序模型中，在任意时刻 t，任意在线算法可以预知未来一段时间内将要到达的工件信息，一种是可以预知将要到达的 k 个工件的信息，另一种是可以预知在时间区间 $(t, t+\beta]$ 内到达的所有工件的信息，其中 $\beta > 0$ 为非负实数，这两类排序模型分别记为 LK_k 模型和 LK_β 模型. 当前已有的研究结果表明，具有前瞻性的半在线算法的性能要比一般的在线算法的性能好得多.

具有前瞻性的在线排序问题最早的研究可以参见 Mao 等（1994），他们研究了单机最小化总完工时间的排序问题，并假设算法在任意时刻 t，可以预知下一个即将到达的工件的信息，即 LK_1 模型. 他们提出了一个竞争比为 $(n+1)/3$ 的半在线算法，其中 n 为工件数，并证明该算法优于大多数的在线算法和离线算法. Mandelbaum 等（2011）研究了 LK_k 模型，他们考虑按列（online-over list）且工件可加工机器带有限制的最小化时间表长的平行机在线排序问题，得到了一系列结果. Coleman 等（2003）研究了 LK_k 模型，考虑了无关机最小化平均等待时间的排序问题，他们给出了在线算法，并将该算法与不带前瞻性的算法通过实例仿真进行对比，发现带有前瞻性的在线算法节省了 35% 的平均等待时间.

Zheng 等（2008）研究了 LK_β 模型，考虑工件加工长度为 1，目标为最小化总完工时间的单机在线排序模型. 当工件加工可中断重启时，针对 $\beta \geqslant 1$ 和 $0 \leqslant \beta < 1$ 两种情形，他们分别给出了问题的下界 $(\lfloor \beta \rfloor + 2)/(\lfloor \beta \rfloor + 1)$ 和 $3/2$；当工件不可中断且 $1 < \beta < 2$ 时，他们给出了竞争比为 $3/2$ 的最优启发式算法，当 β 增大时，证明该算法竞争比不会小于 $4/3$. Zheng 等（2013）研究了 LK_β 模型，考虑单机、单位长度区间排序问题，优化目标为最大化加权完工区间总和，分别就可中断与不可中断两种情形给出了若干结果. 对于可中断情形：当 $0 < \beta < 1$ 时，给出了问题的下界 4；当 $\beta = 1$ 时，给出了问题的下界 $\sqrt{2}$，并设计了竞争比为 3 的在线算法. Li 等（2015）对于该问题提出了一个竞争比为 2 的改进在线算法. 对于不可中断情形：当 $\beta = 1$ 时，Zheng 等（2013）给出了一个竞争比为 4 的最好可能的确定性在线算法；当 $\beta = 2$ 时，他们又给出了竞争比为 3 的在线算法，并指出关于该问题的下界至少为 $\sqrt{2}$.

对于不具有前瞻区间的最小化时间表长的平行机在线分批排序问题已

经有了很多研究成果，现简要列举. 对于单机，批容量无界情形，Zhang 等（2001）和 Deng 等（2003）分别独立地给出了竞争比为 $(\sqrt{5} + 1)/2$ 的最好可能的在线算法. 对于单机，批容量有界情形，Zhang 等（2001）给出了两个竞争比不超过 2 的在线算法；Poon 等（2005）针对同样的排序问题给出了竞争比为 2 的在线算法，包含 Zhang 等（2001）中提出的两个在线算法；当批容量为 2 时，Poon 等（2005）给出了竞争比为 7/4 的在线算法. 对于有 m 台机器，批容量无界情形，Zhang 等（2001）给出了问题的下界 $\sqrt[m+1]{2}$，并设计了竞争比为 $1 + \beta_m$ 的在线算法，其中 $0 < \beta_m < 1$，为方程 $\beta_m = (1 - \beta_m)^{m-1}$ 的正根；进一步地，当所有工件加工长度都相等时，Zhang 等（2003）对批容量无界情形和有界情形给出了竞争比分别为 $1 + \xi_m$ 和 $(\sqrt{5} + 1)/2$ 的最好可能的在线算法，其中 ξ_m 是方程 $(1 + \xi_m)^{m+1} = \xi_m + 2$ 的正根. 当只有两台机器、工件加工长度相等且批容量无界时，Nong 等（2008）和 Tian 等（2009）分别给出了竞争为 $\sqrt{2}$ 的在线算法. Tian 等（2009）给出了问题的下界 $\sqrt{2}$，从而证明两个在线算法都是最好可能的. Tian 等（2009）和 Liu 等（2002）分别将两台机器情形推广到 m 台机器情形，用不同的方法给出了竞争比为 $1 + \alpha_m$ 的最好可能的在线算法，其中 α_m 是方程 $\alpha^2 + m\alpha - 1 = 0$ 的正根.

对于不具有前瞻区间的最小化最大流程的平行机分批排序问题，研究难度比最小化时间表长要大，根据工件流程的定义，等于其完工时间与到达时间的差，不仅要考虑完工时间，还要考虑其到达时间. Li 等（2011）对于批容量无界情形给出问题的下界 $1 + \alpha$，其中 α 是方程 $\alpha^2 + (m + 1)\alpha - 1 = 0$ 的正根，并设计了竞争比为 $1 + 1/m$ 的在线算法；当所有工件加工长度相等时，他们给出了竞争比为 $1 + \alpha$ 的最好可能的在线算法. 对于批容量有界且工件加工长度都相等的情形，Jiao 等（2014）给出了竞争比为 $(\sqrt{5} + 1)/2$ 的最好可能的在线算法.

对于平行机分批排序问题，为得到更好的在线算法，Li 等（2012）研究了具有 LK_β 前瞻区间的排序模型. 考虑 m 台机器，工件加工长度均为 1，目标为最小化时间表长的平行机分批在线排序问题, 对于批容量无界情形和有界情形, 他们给出了一系列结果. 当批容量无界且 $\beta \geqslant \dfrac{1}{m}$ 时, 给出了最优在线算法; 当 $0 \leqslant \beta < \dfrac{1}{m}$ 时, 给出了竞争比为 $1 + \alpha_m$ 的最好可能的在线算法, 其中 α_m 是方程 $(1 + \alpha)^{m+1} = \alpha + 2 - \beta \sum\limits_{i=1}^{m} (1 + \alpha)^i$ 的一个正根. 当批容量有界时, 给出的问题的下界是以 $\beta = (\sqrt{7} + 1)/6$ 为界的分段函数形式, 并针对 $0 \leqslant \beta \leqslant \dfrac{1}{6}$ 和 $\beta > \dfrac{1}{6}$ 两种情形分别给出了竞争比为 $1 + \alpha$ 和 $3/2$ 的在线算法, 其中 α 是方程 $\alpha^2 + (\beta + 1)\alpha + \beta - 1 = 0$ 的正根; 当 $0 \leqslant \beta \leqslant \dfrac{1}{6}$ 时, 所给的在线算法是最好可能的. 关于具有前瞻区间的平行机分批在线排序问题的一些其他研究结果可参考 Li 等 (2009)、Li 等 (2014)、Cigolini 等 (2002) 的研究.

不难发现, 对于平行机分批在线排序问题, 当考虑前瞻区间时, 由于提前预知了未来一段时间内将要到达的工件信息, 在设计加工策略时考虑的信息更多, 从而可以更合理地给出当前的安排策略, 所设计的算法性能也比不具有前瞻区间的好. 我们自然会问, 当可预知的时间区间依次变大时, 在线算法的性能会不会变得更好, 一种简单的想法是考虑时间区间线性增加的情形, 也即我们在前面提到的 $LK_{(\lambda, \beta)}$ 模型. 本书对这个新的模型, 针对优化目标分别为最小化时间表长和最小化最大流程的平行机在线分批排序问题, 对于批容量无界和有界两种情形分别进行研究, 并给出了丰富的结果.

本书主要安排如下: 第 1 章引言部分主要对排序问题的研究背景、当前的研究现状、取得的相关研究结果等进行阐述; 第 2 章对不具有前瞻的平行机在线排序问题进行研究, 对优化目标为最小化时间表长和最小化最大流程分别给出了相关问题的下界和最好可能的在线算法; 第 3 章主要研究前瞻区间为固定长度的平行机在线分批排序问题, 针对优化目标为最小化时间表长和最大化完工工件个数给出了相关算法; 第 4 章主要考虑一种新的排序模型, 即具有线性前瞻区间的平行机在线排序模型, 对优化目标分别为最小化时间表长和最小化最大流程的问题进行研究, 对相关排序问题给出了问题的下界及在线算法; 第 5 章从多个维度对具有前瞻的平行机在线排序问题进行展望, 以期在未来研究中能够更深入地挖掘其发展潜力.

为了叙述方便, 人们使用了一些常见的描述排序问题的符号. 本书所涉及的部分相关记号如下:

- 工件 J_j: 指标为 j 的工件.
- 加工时间 p_j: 工件 J_j 的加工时间.
- I: 问题的一个实例.
- 批序列 σ: 在线算法给出的批序列.
- 批序列 π: 离线最优算法给出的批序列.
- 批 B_j: σ 下的第 j 批.
- $P(B_j)$: 批 B_j 的加工时间.
- 完工时间 $C_j(\sigma)$: 工件 J_j 在 σ 下的完工时间.
- 完工时间 $C_j(\pi)$: 工件 J_j 在 π 下的完工时间.
- $C_{\max}$ 或 C_{on}: 系统最大完工时间.
- 流程 $F_j(\sigma)$: 工件 J_j 在 σ 下的系统逗留时间.
- 流程 $F_j(\pi)$: 工件 J_j 在 π 下的系统逗留时间.
- $F_{\max}$: 系统最大流程.
- $p - \text{batch}$: 工件是平行分批排序的.
- b: 批的容量是 b.
- $U(t)$: 在时刻 t 处所有已经到达但还未被加工的工件集.
- $U(t, \beta)$: 在时间区间 $(t, t+\beta]$ 到达的工件集.
- $U(t, \lambda, \beta)$: 在时间区间 $(t, \lambda t+\beta]$ 到达的工件集.

本书研究的所有排序模型均采用如下三参数表示法:

$$A \mid B \mid C$$

其中 A 表示机器特点及数目, B 表示机器环境, C 表示优化目标.

2　不带前瞻的平行机在线排序问题

2.1　最小化时间表长

对于目标为最小化时间表长的平行机在线排序问题，研究比较多，这一节只对得到比较好的结果的排序问题进行介绍.

对于工件加工长度均相等的排序问题

$$P_m \,|\, \text{online}, \ p - \text{batch}, \ p_j = 1, \ b < \infty \,|\, C_{\max}$$

及

$$P_m \,|\, \text{online}, \ p - \text{batch}, \ p_j = 1, \ b = \infty \,|\, C_{\max}$$

Zhang 等（2003）对批容量有界情形和无界情形给出了竞争比分别为 $(\sqrt{5} + 1)/2$ 和 $1 + \xi_m$ 的最好可能的在线算法，其中 ξ_m 是方程 $(1 + \xi_m)^{m+1} = \xi_m + 2$ 的正根.

对于工件加工长度任意且批容量无界的平行机在线排序问题

$$P_m \,|\, \text{online}, \ p - \text{batch}, \ b = \infty \,|\, C_{\max}$$

Tian 等（2009）和 Liu 等（2002）分别用不同的算法给出了竞争比为 $1 + \alpha_m$ 的最好可能的在线算法，其中 α_m 是方程 $\alpha^2 + m\alpha - 1 = 0$ 的正根.

接下来分别给出以上几个排序问题的详细结果.

2.1.1　排序问题 $P_m \,|\, \text{online}, \ p - \text{batch}, \ p_j = 1, \ b < \infty \,|\, C_{\max}$

对于在线排序问题下界的寻找中，一般的做法是采用对手法. 即构造

一个特殊的工件集 I，使得对于某个在线算法作用在该工件集上得到的目标值与离线最优值的比值尽可能的大，对于一个最小化目标问题，目的是寻求这个比值尽可能的大. 在接下来的讨论中，基本上都是采用这样一种策略来探讨对应在线排序问题的下界，以此来给出相关问题的在线算法所能达到的效果.

对于本小节讨论的排序问题，也是采用对手法的思想.

对于排序问题 $P_m \mid online,\ p-\text{batch},\ p_j = 1,\ b < \infty \mid C_{\max}$，批容量有界且批容量至少为 2，利用对手法构造实例. 假设在 $t = 0$ 时刻，第一个工件到达. 对于在线算法 A，假设第一个工件的开工时间为 S. 令 C_A、C_{opt} 分别表示对应实例在算法 A 下得到的目标值和最优离线排序中得到的目标值.

若 $S \geq \alpha$，则没有任何其他工件到达，此时有 $C_A \geq 1 + \alpha$，而离线最优排序得到的目标值为 $C_{\text{opt}} = 1$，此时便有

$$\frac{C_A}{C_{\text{opt}}} \geq 1 + \alpha$$

若 $S < \alpha$，则对手法会释放其他工件，在 $S + \varepsilon$ 处有 $(m-1)b + 1$ 个工件到达，其中 ε 为任意小的正数，这样 $C_A \geq S + 2$，而离线最优排序中可将所有工件在 $S + \varepsilon$ 处生成 m 个批加工，而最优完工时间为 $C_{\text{opt}} = S + \varepsilon + 1$，这样比值为

$$\frac{C_A}{C_{\text{opt}}} \geq \frac{S+2}{S+\varepsilon+1} \xrightarrow{\varepsilon \to 0} \frac{S+2}{S+1} > \frac{\alpha+2}{\alpha+1}$$

以上分析中得到了两个不同的下界，为得到统一的值，令其相等，即

$$1 + \alpha = \frac{\alpha+2}{\alpha+1}$$

从而可得 α 满足方程 $\alpha^2 + \alpha - 1 = 0$，即 $\alpha = \dfrac{\sqrt{5}-1}{2} \approx 0.618$. 由此可得定理 2.1.1.

定理 2.1.1 对于排序问题 $P_m \mid online,\ p-\text{batch},\ p_j = 1,\ b < \infty \mid C_{\max}$，任何在线算法的竞争比不会小于 $1 + \alpha$，其中 α 满足方程 $\alpha^2 + \alpha - 1 = 0$.

接下来给出该排序问题的在线算法，记为 $A^b(\alpha)$. 令 $U(t)$ 表示在 t 时

刻所有已经到达但还未被安排加工的工件集. 由于批容量有界, 算法设计的一个核心思想为若当前有机器空闲且 $U(t)$ 中工件个数大于批容量, 则从中选择 b 个工件生成一批进行加工; 否则设置一个等待时间. 下面给出算法的具体流程.

算法 $A^b(\alpha)$:

第 0 步: 令 $t = 0$.

第 1 步: 计算 $U(t)$ 中工件数目 $|U(t)|$, 若 $|U(t)| < b$, 则转第 3 步.

第 2 步: 从 $U(t)$ 中选择 b 个工件生成一个满批并在当前最早出现空闲的机器上进行加工. 令 t 表示该批的完工时间并转第 1 步.

第 3 步: 若 $|U(t)| = 0$, 转第 5 步; 否则, 令 $r(t)$ 表示 $U(t)$ 中最晚工件的到达时间. 若 $t \geqslant (1 + \alpha)r(t) + \alpha$, 将 $U(t)$ 作为一个非满批在当前最早出现空闲的机器上进行加工. 令 t 表示该批的完工时间并转第 1 步.

第 4 步: 在时刻 $(1 + \alpha)r(t) + \alpha$ 之前等待. 等待期间若有新工件到达, 则令 t 表示该新工件的到达时间, 否则令 $t = (1 + \alpha)r(t) + \alpha$, 转第 1 步.

第 5 步: 若有新工件到达, 则令 t 表示该新工件的到达时间, 转第 1 步; 否则结束算法.

定理 2.1.2 对于排序问题 $P_m \mid \text{online}, \ p - \text{batch}, \ p_j = 1, \ b < \infty \mid C_{\max}$, 算法 $A^b(\alpha)$ 的竞争比为 $1 + \alpha$, 为最好可能的在线算法.

证明: 分两种情形进行讨论.

情形 1 每台机器完工之前的时间段内没有空闲. 此种情形下, 前 m 个批一定为满批, 且所有批的开工时间和完工时间为整数. 若所有批除去最后一批外都是满的, 则得到的排序一定是最优排序. 接下来, 假设算法 $A^b(\alpha)$ 一共生成了 k 个批且批 B_i 为前 $k - 1$ 个批中最后一个非满批. 由于前 m 个批为满批, 则 $i \geqslant m + 1$. 批 B_i 的开工时间 $s_i \geqslant 1$ 且后面开工的批的到达时间一定大于 s_i. 若批 B_i 为该机器上的最后一个批, 则 $C_{\text{on}} = s_i + 2$. 事实上, 任何机器在完工时刻之前没有任何空闲时间, 所有批的开工时刻为整数. 由于 B_i 为非满批, 最后一个批 B_k 一定在 $s_i + 1$ 处开工. 此外, 有工件在 s_i 之后到达, 则 $C_{\text{opt}} \geqslant s_i + 1$, 从而

$$\frac{C_{on}}{C_{opt}} \leqslant \frac{s_i + 2}{s_i + 1} \leqslant 1 + \frac{1}{s_i + 1} \leqslant \frac{3}{2}$$

若 B_i 不是该机器上的最后一个批,则令 s_i 之后连续开工的批的数目为 l,$l \geqslant 1$,则该机器的完工时间为 $s_i + 1 + l$. 由于 $s_i + 1 + l \leqslant C_{on} \leqslant s_i + l + 2$. 若 $C_{on} = s_i + l + 1$,则在其他机器上在 s_i 之后开工的批的数目为 $l - 1$ 或 l,从而在 s_i 之后到达的工件可以生成至少 $(m-1)(l-1) + l$ 个批,且这些批中至多有一个非满批,则 $C_{opt} \geqslant s_i + l$,这样 $\frac{C_{on}}{C_{opt}} \leqslant \frac{3}{2}$. 若 $C_{on} > s_i + l + 1$,则在其他机器上在 s_i 之后开工的批的数目为 l 或 $l + 1$,至少一台机器在 s_i 之后开工的数目为 $l + 1$,则 $C_{opt} \geqslant s_i + l + 1$,也可得 $\frac{C_{on}}{C_{opt}} < \frac{3}{2} < 1 + \alpha$.

情形2 有机器在完工时刻之前有空闲区间. 令 (t_1, t_2) 为最后的空闲区间(最后是指区间右端点最大). 假设该空闲区间在机器 p 上,该机器上在 t_2 处开工的批为 B_i. 由算法知,该算法的开工时间不超过 $(1 + \alpha)r + \alpha$,其中 r 为批 B_i 上最后到达工件的到达时间. 记机器 p 的完工时间为 C_p.

若批 B_i 为机器 p 上的最后一个批,则 $C_p = t_2 + 1 \leqslant (1 + \alpha)(r + 1)$. 若 $C_{on} = C_p$,由于 $C_{opt} \geqslant r + 1$,则 $\frac{C_{on}}{C_{opt}} < 1 + \alpha$. 若 $C_{on} > C_p$,则存在某个在 t_2 之后开工的批,则 $C_{opt} \geqslant t_2 + 1$. 此外,$C_{on} \leqslant C_p + 1 = t_2 + 2$. 若 $t_2 \geqslant \alpha$,则 $\frac{C_{on}}{C_{opt}} < 1 + \alpha$. 若 $t_2 < \alpha$,则批 B_i 一定是满批. 注意到 t_2 之后没有空闲区间,每台机器上必有一个满批开工,有些机器开工两个批,这样 $C_{on} \leqslant 2 + t_2$,$C_{opt} \geqslant 2$,从而 $\frac{C_{on}}{C_{opt}} < 1 + \alpha$.

假设在机器 p 上至少有两个在 t_2 之后开工的批. 记 $L(t_2)$ 为在 t_2 或 t_2 之后开工的批的集合. 分两种情形讨论.

在 t_2 之后开工的批中除了最后一个批外均为满批,则 $C_{opt} \geqslant 2$. 若 $C_{on} \leqslant 2 + \alpha$,则 $\frac{C_{on}}{C_{opt}} < 1 + \frac{\alpha}{2} < 1 + \alpha$. 若 $C_{on} > 2 + \alpha$,注意到在 $L(t_2)$ 中至多有

$b-1$ 个工件的到达时间小于 t_2，假设这些工件在批 B_i 中在 t_2 处开工. 这样，$L(t_2)$ 中所有其余工件的到达时间都大于 t_2. 若 $C_{opt} \geq C_{on} - 1$，则 $\dfrac{C_{on}}{C_{opt}} < \dfrac{2+\alpha}{1+\alpha} = 1 + \alpha$. 接下来证明：$C_{opt} \geq C_{on} - 1$.

令 k_i 表示在机器 i 上在 t_2 之后开工的批的数目，$i = 1, 2, \cdots, m$. 假设最后一个批在机器 q 上加工，则 $C_{on} \leq t_2 + 1 + k_q$. 注意到机器 q 上有 k_q 个批在 t_2 之后开工，其他机器上至少有 $k_q - 1$ 个批在 t_2 之后开工，这些批中至多有一个为非满批，则在最优排序中 $C_{opt} \geq t_2 + k_q$，从而 $C_{opt} \geq C_{on} - 1$.

最后考虑情形：在 t_2 之后开工的批中除去最后一个批外至少有一个非满批. 令 B_j 为符合条件的最后开工的批，开工时间 $s_j \geq t_2$，由于批 B_j 为非满批，必有 $s_j \geq \alpha$，与上面讨论类似，可得 $C_{opt} \geq C_{on} - 1$ 且 $C_{on} \geq s_j + 2 \geq \alpha + 2$，从而 $\dfrac{C_{on}}{C_{opt}} \leq 1 + \alpha$. 定理得证.

2.1.2　排序问题 $P_m \mid online,\ p-batch,\ p_j = 1,\ b = \infty \mid C_{max}$

本小节讨论排序问题 $P_m \mid online,\ p-batch,\ p_j = 1,\ b = \infty \mid C_{max}$，批容量无界，目标为最小化时间表长，仍然采用对手法给出该排序问题的下界，接着设计在线算法，并分析算法竞争比.

定理 2.1.3　对于排序问题 $P_m \mid online,\ p-batch,\ p_j = 1,\ b = \infty \mid C_{max}$，任何在线算法的竞争比不会小于 $1 + \xi_m$，其中 ξ_m 是方程 $(1 + \xi_m)^{m+1} = \xi_m + 2$ 的正根，且 $0 < \xi_m < 1$.

证明：令 ε 为任意小的正数. A 为任意在线算法. 在 $t = 0$ 时刻第一个工件 J_1 到达. 假设算法 A 在 S_1 时刻加工工件 J_1. 对于 $i \geq 1$，假设算法在 S_i 时刻加工工件 J_i，则第 $i+1$ 个工件在时刻 $S_i + \varepsilon$ 处到达. 一旦有工件在 $S_1 + 1$ 之后开工，则没有其他工件到达. 令最后一个到达的工件为 J_k，显然 $k \leq m + 1$. 对于任意的 $i = 1, \cdots, k$，构造集合 $L_i = \{J_1, \cdots, J_i\}$. 不难看出，对于集合 L_1，L_i，$2 \leq i \leq k$，最优目标值分别为

$$C_{opt}(L_1) = 1,\quad C_{opt}(L_i) = 1 + S_{i-1} + \varepsilon$$

此外，对于 i, $1 \leqslant i \leqslant k-1$，则有

$$C_A(L_k) \geqslant 2 + S_1, \quad C_A(L_i) = 1 + S_i$$

这样有

$$\frac{C_A}{C_{\mathrm{opt}}} \geqslant \max\left\{\frac{1+S_1}{1}, \ \frac{1+S_2}{1+S_1+\varepsilon}, \ \cdots, \ \frac{2+S_1}{1+S_{k-1}+\varepsilon}\right\}$$

令 $\varepsilon \to 0$，则上式可变为

$$\frac{C_A}{C_{\mathrm{opt}}} \geqslant \max\left\{\frac{1+S_1}{1}, \ \frac{1+S_2}{1+S_1}, \ \cdots, \ \frac{2+S_1}{1+S_{k-1}}\right\}$$

为讨论方便，令 $x_1 = \dfrac{1+S_1}{1}$，$x_k = \dfrac{2+S_1}{1+S_{k-1}}$，$x_i = \dfrac{1+S_i}{1+S_{i-1}}$，$i = 2, \cdots,$
$k-1$，这样有

$$\prod_{i=1}^{k} x_i = 2 + S_1$$

令 ξ_m 满足方程 $(1+\xi_m)^{m+1} = \xi_m + 2$. 接下来证明：$\dfrac{C_A}{C_{\mathrm{opt}}} \geqslant 1 + \xi_m$.

若 $\max\{x_i \,|\, 1 \leqslant i \leqslant k\} \geqslant 1 + \xi_m$，则得证. 若 $x_i < 1 + \xi_m$，$1 \leqslant i \leqslant k$，
则 $S_1 < \xi_m$，而

$$\prod_{i=1}^{k} x_i = 2 + S_1 \ \text{且} \ k \leqslant m + 1$$

则

$$\prod_{i=2}^{k} x_i = \frac{2+S_1}{1+S_1} > \frac{2+\xi_m}{1+\xi_m} = (1+\xi_m)^m$$

从而必有 $\max\{x_i \,|\, 1 \leqslant i \leqslant k\} \geqslant 1 + \xi_m$，与假设矛盾. 定理得证.

接下来给出在线算法，记为 $A^{\infty}(\xi_m)$. 令 $U(t)$ 表示在时刻 t 处所有已经到达但还未加工的工件. 令 C_i 表示当前时刻第 i 个机器加工完目前安排的批后的完工时间. 下面给出算法的具体流程.

算法 $A^{\infty}(\xi_m)$：

第 0 步：令 $t = 0$.

第 1 步：令 $J_k \in U(t)$ 且其到达时间满足 $r_k = \max\{r_j \,|\, J_j \in U(t)\}$. 令

$$\alpha_k = (1+\xi_m)r_k + \xi_m, \quad s = \max\{t, \ \alpha_k\}$$

第 2 步：在时间区间 $[t, s]$ 内的某个时刻 t'，若有新工件 J_h 到达，则令 $k := h$，更新 α_k，s，令 $U(t') = U(t) \cup \{J_h\}$，重置 $t := t'$。

第 3 步：在时刻 s 处，将集合 $U(s)$ 中的工件作为一个单独的批在机器 m 上加工，令 $C_m = s + 1$。

第 4 步：将机器按照当前完工时间大小进行排序，$C_1 \geqslant C_2 \geqslant \cdots \geqslant C_m$，若在 C_m 之前有新工件到达，令 $t = C_m$；否则，等待直到有新工件到达并更新 t 为该工件的到达时间.

由上述算法不难看出，在在线算法的设计中，一个很重要的原则即"等待"，即便所有机器都空闲也会等待一段时间，以便观察是否还有新的工件到达，但为了保证算法的效率，又不能让机器一直等待下去，所以几乎所有的在线排序问题，其算法设计要解决的首要问题即设置等待准则.

接下来分析算法 $A^\infty(\xi_m)$ 的竞争比，由于批容量无界，该算法生成的每一个批即当前时刻所有已经到达但还未被加工的工件集. 每个批的开工时间必不相同，不妨令任意 $m + 1$ 个连续开工的批为 B_1，B_2，$\cdots$，B_{m+1}，对任意的 $i = 1, 2, \cdots, m$，批 B_i 在批 B_{i+1} 之前开工. 显然，批 B_{i+1} 中所有工件的到达时间大于 B_i 的开工时间.

对于任意一个工件实例，假设算法 $A^\infty(\xi_m)$ 一共生成了 M 个批. 对这些批按照完工时间大小进行排序. 对于批 B_i，令 J_i 表示该批中最晚到达的工件，r_i，s_i 分别为工件 J_i 的到达时间和批 B_i 的开工时间. 按照算法构造，批 B_i 要么在时刻 $(1 + \xi_m) r_i + \xi_m$ 处开工，要么在批 B_{i-m} 的完工时刻处开工，即 $s_{i-m} + 1$. 若 $s_i = (1 + \xi_m) r_i + \xi_m$，则称批 B_i 为正则批. 此处先给出引理 2.1.4.

引理 2.1.4　由算法 $A^\infty(\xi_m)$ 生成的所有批是正则批.

证明：由算法构造知，由算法生成的前 m 个批一定为正则批，且每个批占用某一台机器开工. 现假设批 B_k，$m \leqslant k \leqslant M - 1$ 是正则批，接下来将证明批 B_{k+1} 也是正则批.

对于 $i = k - m + 1$，$\cdots$，$k - 1$，批 B_{i+1} 中所有工件的到达时间大于 B_i 的开工时间，我们有

$$s_{i+1} = (1 + \xi_m)r_{i+1} + \xi_m > (1 + \xi_m)s_i + \xi_m$$

简单起见，令 $j = k - m + 1$. 注意到批 B_j 的完工时间为 $s_j + 1$ 且 $(1 + \xi_m)^{m+1} = \xi_m + 2$. 可得

$$
\begin{aligned}
s_k(1+\xi_m) + \xi_m &> (1+\xi_m)^2 s_{k-1} + \xi_m(1+\xi_m) + \xi_m \\
&> (1+\xi_m)^m s_j + \xi_m(1+\xi_m)^{m-1} + \cdots + \xi_m(1+\xi_m) + \xi_m \\
&= (1+\xi_m)^m s_j + (1+\xi_m)^m - 1 \\
&= (1+\xi_m)^m (s_j+1) - 1 \\
&= \frac{\xi_m+2}{\xi_m+1}(s_j+1) - 1 \\
&= s_j + \frac{s_j+1}{\xi_m+1} \\
&\geqslant s_j + 1
\end{aligned}
$$

由上述推导可知

$$(1 + \xi_m)r_{k+1} + \xi_m > s_k(1 + \xi_m) + \xi_m > s_j + 1$$

在批 B_j 完工后可安排批 B_{k+1} 在时刻 $(1 + \xi_m)r_{k+1} + \xi_m$ 在同一机器上加工，也即批 B_{k+1} 是正则批，由归纳法，引理结论得证.

定理 2.1.5　对于排序问题 $P_m \mid online,\ p\text{-batch},\ p_j = 1,\ b = \infty \mid C_{\max}$，算法 $A^{\infty}(\xi_m)$ 的竞争比为 $1 + \xi_m$，为最好可能的在线算法.

证明：由引理 2.1.4 知，算法 $A^{\infty}(\xi_m)$ 生成的所有批为正则批. 目标值为最后一个批的完工时间，即

$$C_{\text{on}} = (1 + \xi_m)r^* + \xi_m + 1 = (1 + \xi_m)(r^* + 1)$$

其中 r^* 为最后一个工件的到达时间. 又由于批容量无界，可将所有工件作为一个批在 r^* 时刻开工，也即

$$C_{\text{opt}} = r^* + 1$$

从而得到 $\dfrac{C_{\text{on}}}{C_{\text{opt}}} \leqslant 1 + \xi_m$，算法得到的竞争比和问题的下界吻合，从而该算法为最好可能的在线算法.

2.1.3 排序问题 $P_m | \text{online}, \; p - \text{batch}, \; b = \infty | C_{\max}$

本小节主要研究更一般的情形，平行机排序问题 $P_m | \text{online}, \; p - \text{batch}, \; b = \infty | C_{\max}$，批容量无界，工件加工长度任意，优化目标为最小化时间表长，本书主要介绍 *Tian* 等（2009）中的结果.

定理 2.1.6　对于排序问题 $P_m | \text{online}, \; p - \text{batch}, \; b = \infty | C_{\max}$，任何在线算法的竞争比都不会小于 $1 + \alpha_m$，其中 α_m 为方程 $\alpha^2 + m\alpha - 1 = 0$ 的正根；任何紧的在线算法的竞争比不会小于 3/2.

证明：证明第一个结论，采用对手法，令 A 为任意在线算法，ε 为任意小的正数. 对手法构造一个至多有 $m + 1$ 个工件的实例 I，其加工长度和到达时间分别定义如下：

$$p_1 = 1, \; p_2 = 1 - S_1, \; \cdots, \; p_i = 1 - S_{i-1}, \; \cdots,$$
$$p_m = 1 - S_{m-1}, \; p_{m+1} = 1 + S_1 - S_m$$
$$r_1 = 0, \; r_2 = S_1 + \varepsilon, \; \cdots, \; r_i = S_{i-1} + \varepsilon, \; \cdots,$$
$$r_m = S_{m-1} + \varepsilon, \; r_{m+1} = S_m + \varepsilon$$

令 $S_0 = 0$. 则对任意的 $j \in \{1, \; \cdots, \; m\}$，$p_j = 1 - S_{j-1}$. 若对 j，$1 \leqslant j \leqslant m$，$S_j < S_{j-1} + \alpha_m$，则工件 J_{j+1} 到达；若 $S_j \geqslant S_{j-1} + \alpha_m$，则剩余工件 $J_{j+1}, \; \cdots, \; J_{m+1}$ 不到达.

令 n 表示最终实例 I 中的工件数目，根据 n 与 $m + 1$ 的大小关系分以下两种情形讨论.

情形 1　$n < m + 1$，则 $S_n \geqslant S_{n-1} + \alpha_m$，且
$$C_{\max}(\sigma) \geqslant S_n + p_n \geqslant S_{n-1} + \alpha_m + 1 - S_{n-1} = 1 + \alpha_m$$

又由于
$$C_{\max}(\pi) = \max_{1 \leqslant j \leqslant n} \{r_j + p_j\} = \max(S_0 + p_1,$$
$$\max_{2 \leqslant j \leqslant n} \{S_{j-1} + \varepsilon + 1 - S_{j-1}\}) = 1 + \varepsilon$$

可得
$$\frac{C_{\max}(\sigma)}{C_{\max}(\pi)} \geqslant \frac{1 + \alpha_m}{1 + \varepsilon} \xrightarrow{\varepsilon \to 0} 1 + \alpha_m$$

情形 2　$n = m + 1$，则对任意的 $j \in \{1, \cdots, m\}$，$S_{j-1} < r_j \leqslant S_j < S_{j-1} + \alpha_m$，且 $S_j < j\alpha_m$. 对于任意的 $i \in \{1, \cdots, m-1\}$，则

$$S_{i+1} < (i+1)\alpha_m \leqslant m\alpha_m < 1 = S_{i-1} + (1 - S_{i-1}) < S_i + p_i$$

上述不等式表明 $\{J_1, \cdots, J_m\}$ 中的每个工件单独占用一台机器加工. 假设工件 J_{m+1} 在 J_k，$1 \leqslant k \leqslant m$ 所在的机器上加工，则

$$C_{\max}(\sigma) \geqslant S_k + p_k + p_{m+1} = S_k + 1 - S_{k-1} + 1 + S_1 - S_m$$

接下来给出一个可行排序 π'：J_1，J_2 生成一个批在一台机器上加工，$\{J_3, \cdots, J_m\}$ 中的每个工件占用剩下的某一台机器进行加工，这样可得

$$
\begin{aligned}
C_{\max}(\pi) &\leqslant C_{\max}(\pi') \\
&= \max\left(S_1 + \varepsilon + p_1, \max_{3 \leqslant j \leqslant n} \{r_j + p_j\} \right) \\
&= \max\left(S_1 + \varepsilon + 1, \max_{3 \leqslant j \leqslant m} \{S_{j-1} + \varepsilon + 1 - S_{j-1}\}, S_m + \varepsilon + 1 + S_1 - S_m \right) \\
&= 1 + S_1 + \varepsilon
\end{aligned}
$$

由于 $S_1 < \alpha_m$，$S_{k-1} < (k-1)\alpha_m$，$S_m < S_k + (m-k)\alpha_m$，可得

$$
\begin{aligned}
\frac{C_{\max}(\sigma) - C_{\max}(\pi)}{C_{\max}(\pi)} &\geqslant \frac{1 + S_k - (S_{k-1} + S_m) - \varepsilon}{1 + S_1 + \varepsilon} \\
&\geqslant \frac{1 + S_k - [(k-1)\alpha_m + S_k - (m-k)\alpha_m] - \varepsilon}{1 + \alpha_m + \varepsilon} \\
&= \frac{1 - (m-1)\alpha_m - \varepsilon}{1 + \alpha_m + \varepsilon} \xrightarrow{\varepsilon \to 0} \frac{1 - (m-1)\alpha_m}{1 + \alpha_m} = \alpha_m
\end{aligned}
$$

第一个结论得证.

接下来证明第二个结论. 考虑任意紧算法 B 和如下实例. 前 m 个加工长度均为 1 的工件分别在时刻 0，ε，$\cdots$，$(m-1)\varepsilon$ 到达. 由紧算法的特点，对任意的 $j \in \{1, \cdots, m-1\}$，算法 B 在 r_j 时刻加工工件 J_j，即 $S_j = r_j$. 考虑如下两种情形：

若 $S_m \geqslant \dfrac{1}{2}$，没有其他工件到达. 可得

$$C_{\max}(\sigma) \geqslant S_m + p_m \geqslant \frac{3}{2}, \quad C_{\max}(\pi) = r_m + p_m = 1 + (m-1)\varepsilon$$

若 $S_m < \dfrac{1}{2}$，则第 $m+1$ 个工件 J_{m+1} 在时刻 $S_m + \varepsilon$ 处到达，其加工长度

为 $p_{m+1} = 1 - S_m$.

可得

$$C_{\max}(\sigma) \geqslant S_1 + p_1 + p_{m+1} \geqslant 2 - S_m > \frac{3}{2}$$

$$\begin{aligned}
C_{\max}(\pi) &= \max\{r_m + 1,\ r_{m+1} + p_{m+1}\} \\
&= \max\{(m-1)\varepsilon + 1,\ S_m + \varepsilon + 1 - S_m\} \\
&= 1 + (m-1)\varepsilon
\end{aligned}$$

以上两种情形都可得

$$\frac{C_{\max}(\sigma)}{C_{\max}(\pi)} \geqslant \frac{3/2}{1 + (m-1)\varepsilon} \xrightarrow{\varepsilon \to 0} \frac{3}{2}$$

定理得证.

在任意时刻 t, 令 $U(t)$ 表示在当前时刻已经到达但还未被加工的工件集. 令 $J(t)$ 表示 $U(t)$ 中加工长度最长的工件, 其加工长度和到达时间分别记为 $p(t)$, $r(t)$. 令 $B^*(t)$ 表示 t 时刻之前具有最大开工时间的批, 其开工时间和批长度分别记为 $S^*(t)$, $p^*(t)$. 若 $B^*(t)$ 不存在, 则令 $S^*(t) = p^*(t) = 0$. 令 $p_{\max}(t)$ 表示 t 时刻及 t 时刻之前到达的最长工件的加工长度.

接下来给出在线算法 $H(\alpha_m)$.

算法 $H(\alpha_m)$: 在任意时刻 t, 若有机器空闲, $U(t) \neq \varnothing$ 且 $t \geqslant \eta(t) = S^*(t) + \alpha_m p_{\max}(t)$, 则将 $U(t)$ 作为一个单独的批在该空闲机器上立马加工; 否则等待.

在不引起比值 $\dfrac{C_{\max}(\sigma)}{C_{\max}(\pi)}$ 减小的情况下, 假设算法 $H(\alpha_m)$ 生成的每个批中只有一个工件. 记批 B_j 中的工件为 J_j. 令 J_n 表示第一个到达目标值 $C_{\max}(\sigma)$ 的工件.

接下来对算法 $H(\alpha_m)$ 的竞争比进行分析, 采用最小反例法, 令 I 为所有满足不等式 $\dfrac{C_{\max}(\sigma)}{C_{\max}(\pi)} > 1 + \alpha_m$ 中工件数目最少的实例.

假设对于任意的 j, $1 \leqslant j \leqslant m$, 批 B_j 表示第 j 个机器上在 S_n 之前开工的最后的一个批.

批 $B_1, \cdots, B_m$ 的存在性稍后给出. 将机器重新排序使得满足 $S_1 < S_2 < \cdots <$ S_m. 由于 $C_{\max}(\sigma) = S_n + p_n$, $C_{\max}(\pi) \geqslant r_n + p_n > S_m + p_n$, 可得

$$C_{\max}(\sigma) - C_{\max}(\pi) < S_n - S_m$$

对于 σ 中的任何批 B_x, 有

$$\eta(S_x) - r_x \leqslant \alpha_m C_{\max}(\pi)$$

对于 σ 中的任何批 B_x, B_y, $S_x < S_y$, 有

$$S_y \geqslant S_x + \alpha_m P_{\max}(S_y)$$

对于任意时刻 $t \in [S_1, S_m]$, $p_{\max}(t) \geqslant p_1$, 可得

$$S_1 \geqslant \alpha_m p_1$$

$$S_k \geqslant S_j + (k - j)\alpha_m p_1, \quad 1 \leqslant j < k \leqslant m$$

由以上讨论, 可得

$$S_n > \max\{\eta(S_n), r_n\}$$

上述不等式表明在 S_n 时刻之前每台机器上没有空闲, 从而批 $B_1, \cdots,$ B_m 一定存在.

定理 2.1.7 批 $B_1, \cdots, B_m$ 是在时间区间 $[S_1, S_m]$ 内开工的所有的批.

证明: 反证法. 若存在某个 k, $1 \leqslant k \leqslant m - 1$, 有批 B_0 在时刻 $S_0 \in$ (S_k, S_{k+1}) 开工. 由于对任意的 $t \in [S_1, S_m]$, $p_{\max}(t) \geqslant p_1$, 可得 $S_m \geqslant S_1 +$ $m\alpha_m p_1$. 从而

$$C_{\max}(\sigma) - C_{\max}(\pi) < S_n - S_m \leqslant S_1 + p_1 - S_m \leqslant$$

$$p_1 - m\alpha_m p_1 = \alpha_m^2 p_1 < \alpha_m p_1 \leqslant \alpha_m C_{\max}(\pi)$$

矛盾. 定理得证.

对任意的 i, $1 \leqslant i \leqslant m$, 令 $q_i = S_n - S_i$, 则 $q_i \leqslant p_i$, $q_m < q_{m-1} < \cdots <$ q_1. 由前述推导可得 $S_m - S_i \geqslant (m-i)\alpha_m p_1 \geqslant (m-i)\alpha_m q_1$, $S_n - S_m = (S_n -$ $S_i) - (S_m - S_i)$, 由此对任意的 i, $1 \leqslant i \leqslant m$, 有

$$C_{\max}(\sigma) - C_{\max}(\pi) < S_n - S_m = q_m \leqslant q_i - (m-i)\alpha_m q_1$$

若 $q_m \leqslant \alpha_m C_{\max}(\pi)$, 则 $C_{\max}(\sigma) - C_{\max}(\pi) < \alpha_m C_{\max}(\pi)$, 则矛盾, 所以有

$$S_n - S_m = q_m > \alpha_m C_{\max}(\pi) \geqslant \alpha_m p_1$$

定理 2.1.8 对任意的 i, $1 \leqslant i \leqslant m$, $C_{\max}(\pi) < i\alpha_m q_1 + q_i$.

证明：反证法. 若存在某个 i, $1 \leqslant i \leqslant m$, 使得 $C_{\max}(\pi) \geqslant i\alpha_m q_1 + q_i$. 由于 $S_m - S_i \geqslant (m - i)\alpha_m q_1$, 则 $q_i = S_n - S_i \geqslant S_n - S_m + (m - i)\alpha_m q_1$, 从而有

$$C_{\max}(\pi) \geqslant S_n - S_m + m\alpha_m q_1 \geqslant \alpha_m C_{\max}(\pi) + m\alpha_m q_1$$

由于 $m\alpha_m = 1 - \alpha_m^2$, 可得

$$C_{\max}(\sigma) - C_{\max}(\pi) \leqslant q_1 - (m - 1)\alpha_m q_1 = \alpha_m(1 + \alpha_m)q_1 \leqslant \alpha_m C_{\max}(\pi)$$

矛盾, 定理得证.

定理 2.1.9 对任意的 j, $1 \leqslant j \leqslant m$, $S_j^* < S_j$.

证明：反证法. 若存在某个 j, $1 \leqslant j \leqslant m$, $S_j^* \geqslant S_j$, 则 $C_{\max}(\pi) \geqslant S_j^* + p_j \geqslant S_j + q_j$. 又由于 $S_j \geqslant S_1 + (j - 1)\alpha_m p_1 \geqslant j\alpha_m p_1 \geqslant j\alpha_m q_1$, 则 $C_{\max}(\pi) \geqslant j\alpha_m q_j + q_j$, 与定理 2.1.8 矛盾, 定理得证.

定理 2.1.10 对于集合 $\{J_1, \cdots, J_m\}$ 中的任意两个工件, 在最优排序 π 下不可能在同一批加工.

证明：由定理 2.1.9 及对任意的 j, $2 \leqslant j \leqslant m$, $S_{j-1} < r_j \leqslant S_j$, 集合 $\{J_1, J_2, \cdots, J_m, J_n\}$ 中的任意两个工件在最优排序 π 下不可能在同一批加工. 若存在两个工件 J_j, J_k, $1 \leqslant j < k \leqslant m$, 在最优排序 π 下在同一批加工, 则

$$C_{\max}(\pi) \geqslant r_j + p_j + p_k > S_{j-1} + p_j + p_k \geqslant (j - 1)\alpha_m p_1 + p_j + p_k$$

注意到 $p_k \geqslant q_k \geqslant q_m > \alpha_m p_1$, 则可得 $C_{\max}(\pi) > j\alpha_m p_1 + p_j$, 与定理 2.1.8 矛盾, 定理得证.

由定理 2.1.10 知, 若 J_n 与某个工件 J_k, $1 \leqslant k \leqslant m$ 在最优排序 π 下位于同一批开工, 则可得

$$C_{\max}(\pi) \geqslant \max\{r_k + p_k + p_n, r_1 + p_1, \cdots, r_{k-1} + p_{k-1}\}$$

若 $S_k = \max\{\eta(S_k), r_k\}$, 则

$$C_{\max}(\sigma) - C_{\max}(\pi) \leqslant (\max\{\eta(S_k), r_k\} + p_k + p_n) - (r_k + p_k + p_n)$$
$$= \max\{\eta(S_k) - r_k, 0\} \leqslant \alpha_m C_{\max}(\pi)$$

与前假设矛盾, 从而 $S_k > \max\{\eta(S_k), r_k\}$, 该不等式表明在 σ 下任何机

器上在时刻 S_k 之前没有空闲.

接下来, 构造一个新的工件实例 I', 由到达时刻小于 r_k 的工件和一个新工件 J'_k 构成, 即 $I' = \{J_x \in I: r_x < r_k\} \cup \{J'_k\}$, 新工件 J'_k 在 r_k 处到达, 加工长度定义为 $p'_k = p_k + p_n$. 令 σ' 表示 I' 由算法 $H(\alpha_m)$ 生成的排序. 集合 $\{J_x \in I: r_x < r_k\}$ 中的工件安排在 σ 和 σ' 下是一样的. 由于 σ 下任何机器上在时刻 S_k 之前没有空闲, 则 $S'_k \geqslant S_k$, 可得

$$C_{\max}(\sigma') \geqslant S_k + p_k + p_n \geqslant C_{\max}(\sigma)$$

定理 2.1.11 对任何工件 $J_x \in I$, $S_x < S_1$, 有 $p_x < p_1$.

证明: 反证法. 假设存在某个工件 $J_0 \in I$, $S_0 < S_1$, 且 $p_0 \geqslant p_1$, 则

$$r_1 > S_0 \geqslant \alpha_m p_0 \geqslant \alpha_m p_1, \quad C_{\max}(\pi) \geqslant r_1 + p_1 \geqslant \alpha_m p_1 + p_1$$

与定理 2.1.8 矛盾, 定理得证.

由定理 2.1.11 知, 实例 I' 在最优排序 π' 下的排列如下: 生成 k 个批 $B'_1, \cdots, B'_k$, 其中 B'_1 由所有到达时间不超过 r_1 的工件构成; B'_i, $2 \leqslant i \leqslant k$ 由 r_i 时刻到达的工件构成. 将每个批 B'_i 在 r_i 处开工, 显然该批为最优排序. 进一步地, $C_{\max}(\pi') \leqslant C_{\max}(\pi)$, 又由于 $C_{\max}(\sigma') \geqslant C_{\max}(\sigma)$, 可得

$$\frac{C_{\max}(\sigma')}{C_{\max}(\pi')} \geqslant \frac{C_{\max}(\sigma)}{C_{\max}(\pi)} > 1 + \alpha_m$$

上述不等式说明实例 I' 也是一个反例且工件数目小于 I 的工件数目, 即 $|I'| < |I|$, 与最小实例 I 的选择矛盾.

由此可得定理 2.1.12.

定理 2.1.12 对于排序问题 $P_m|\text{online}, p-\text{batch}, b = \infty|C_{\max}$, 算法 $H(\alpha_m)$ 是竞争比为 $1 + \alpha_m$ 的最好可能的在线算法.

2.2 最小化最大流程

这一节主要研究优化目标为最小化最大流程的平行批排序问题, 主要包括以下五个排序问题:

$$P_m \,|\, \text{online}, \, p - \text{batch}, \, b = \infty \,|\, F_{\max}$$

$$1 \,|\, \text{online}, \, p - \text{batch}, \, b < \infty, \, p_1 \geqslant p_2 \geqslant \cdots \geqslant p_n \,|\, F_{\max}$$

$$1 \,|\, \text{online}, \, p - \text{batch}, \, b = \infty, \, p_1 \geqslant p_2 \geqslant \cdots \geqslant p_n \,|\, F_{\max}$$

$$P_m \,|\, \text{online}, \, p - \text{batch}, \, b < \infty, \, p_j = p \,|\, F_{\max}$$

$$P_m \,|\, \text{online}, \, p - \text{batch}, \, b < \infty, \, p_j = p, \, r_1, \, r_2 \,|\, F_{\max}$$

2.2.1 排序问题 $P_m \,|\, \text{online}, \, p - \text{batch}, \, b = \infty \,|\, F_{\max}$

对于排序问题 $P_m \,|\, \text{online}, \, p - \text{batch}, \, b = \infty \,|\, F_{\max}$，Li 等（2011）给出了问题的下界 $1 + \alpha_m$，其中 α_m 为方程 $\alpha^2 + (m+1)\alpha - 1 = 0$ 的正根，他们设计了一个竞争比为 $1 + 1/m$ 的在线算法. 当所有工件加工长度相同时，该下界仍然成立，并给出了一个最好可能的在线算法. 下面给出相关的理论分析.

定理 2.2.1 对于平行机在线排序问题 $P_m \,|\, \text{online}, \, p\text{-batch}, \, b = \infty \,|\, F_{\max}$，不存在竞争比小于 $1 + \alpha_m$ 的在线算法，其中 α_m 为方程 $\alpha^2 + (m+1)\alpha - 1 = 0$ 的正根，当所有工件加工长度都相等时，该下界仍然成立.

证明：简单起见，令 $\alpha = \alpha_m$，利用对手法证明. 令 A 为任意在线算法，ε 为任意小的正数. 有 $m + 1$ 个加工长度均为 1 的工件 $J_1, \cdots, J_{m+1}$. 工件 J_1 的到达时刻为 $r_1 = 0$，假设算法 A 在时刻 $S_1 \geqslant 0$ 处将工件 J_1 作为一个单独的批开工.

接下来假设 $J_1, \cdots, J_i, \, 1 \leqslant i \leqslant m - 1$ 已到达，且开工时间依次为 $S_1, \cdots, S_i$，则下一个工件 J_{i+1} 在时刻 $r_{i+1} = S_i + \varepsilon$ 处到达，这个过程重复进行直到工件 J_m 到达且算法在时刻 $S_m \geqslant r_m$ 处，将工件 J_m 作为一个单独的批开工. 令 $S_0 = 0$.

若存在某个 i，$1 \leqslant i \leqslant m$ 使得 $S_i - S_{i-1} \geqslant \alpha$，则对手法中最后一个工件 J_{m+1} 不到达. 在这种情况下，有 $F_{\max}(\pi) = 1$，因为在离线算法中，可将每个工件在其开工时间占用一个机器进行加工，而在在线算法中有

$$F_{\max}(\sigma) \geqslant F_i(\sigma) = S_i + 1 - r_i \geqslant 1 + \alpha - \varepsilon$$

上式中最后一个不等号成立是因为 $r_i \leqslant S_{i-1} + \varepsilon$，$S_i - S_{i-1} \geqslant \alpha$，此时

当 $\varepsilon \to 0$ 时，有

$$F_{\max}(\sigma)/F_{\max}(\pi) \geqslant 1 + \alpha - \varepsilon \to 1 + \alpha$$

成立.

接下来假设对所有的 i，$1 \leqslant i \leqslant m$ 均有 $S_i - S_{i-1} < \alpha$，则对手法中最后一个工件 J_{m+1} 在时刻 $r_{m+1} = S_m + \varepsilon$ 处到达. 由于

$$S_m - S_1 = \sum_{i=2}^{m} (S_i - S_{i-1}) < (m-1)\alpha = 1 - \alpha^2 - 2\alpha < 1$$

则在时刻 $r_{m+1} = S_m + \varepsilon$ 处，所有机器都是忙碌的，从而

$$C_{m+1}(\sigma) \geqslant C_1(\sigma) + 1 = S_1 + 2$$

且

$$F_{m+1}(\sigma) = C_{m+1}(\sigma) - r_{m+1} \geqslant S_1 + 2 - S_m - \varepsilon > 2 - (m-1)\alpha - \varepsilon$$

在离线算法中，对任何 i，$1 \leqslant i \leqslant m$，可将工件 $\{J_i, J_{i+1}\}$ 作为一个批在时刻 $r_{i+1} = S_i + \varepsilon$ 开工，其余每个工件作为一个单独的批在其到达时刻立马开工，这样得到的排序记为 π_i. 则

$$F_{\max}(\pi_i) = F_i(\pi_i) = S_i + \varepsilon + 1 - r_i \leqslant S_i + \varepsilon + 1 - S_{i-1} < 1 + \alpha + \varepsilon$$

对于最优排序 π，一定有

$$F_{\max}(\pi) \leqslant 1 + \alpha + \varepsilon$$

成立. 从而当 $\varepsilon \to 0$ 时，有

$$\frac{F_{\max}(\sigma)}{F_{\max}(\pi)} > \frac{2 - (m-1)\alpha - \varepsilon}{1 + \alpha + \varepsilon} \to \frac{2 - (m-1)\alpha}{1 + \alpha} = 1 + \alpha.$$

证毕.

对于工件加工长度任意的情形，给出在线算法. 在在线排序算法中，工件 J_j 在时刻 t 处已经到达但还没有加工，则称该工件在时刻 t 是可行的，令集合 $U(t)$ 为时刻 t 处的可行工件集，令 $p(t) = \max\{p_j: J_j \in U(t)\}$ 为该集合中最大的加工长度. 令 $B^*(t)$ 为 t 时刻之前最晚开工的批，该批的开工时间和加工长度分别记为 $S^*(t)$，$p^*(t)$. 若 $B^*(t)$ 不存在，则令 $S^*(t) = p^*(t) = 0$. 更进一步，令 $p_{\max}(t)$ 表示到达时间不超过 t 的所有工件中最长的加工时间，即 $p_{\max}(t) = \max\{p_j: r_j \leqslant t\}$.

假设 m 台平行机分别为 M_1，M_2，$\cdots$，M_m，对于 $1 \leqslant i \leqslant m-1$，$M_i$ 之

后的下一台机器为 M_{i+1}，M_m 之后的下一台机器为 M_1.

接下来给出算法（UD）（Uniform-Delay）.

算法（UD）：在时刻 t，若有机器空闲，且 $t \geq S^*(t) + \dfrac{1}{m} p_{\max}(t)$，则将集合 $U(t)$ 中的工件作为一批在该空闲机器上加工；否则等待.

对于算法（UD）生成的批 B_k，令 S_k，C_k 分别表示该批的开工时间和完工时间，令 $p(B_k)$，$r(B_k)$ 分别表示该批的加工长度和该批中最晚工件的到达时间. 为不失一般性，假设算法（UD）生成的批分别为 B_1，B_2，$\cdots$，B_l，其开工时刻分别为 $S_1 < S_2 < \cdots < S_l$. 由 $S^*(t)$ 的定义知 $S^*(S_1) = 0$. 由算法不难看出，对于任何批 B_k，有

$$S_k \geq \max \left\{ r(B_k),\ S^*(S_k) + \frac{1}{m} p_{\max}(S_k) \right\}$$

成立. 由于 $S^*(S_k) = S_{k-1}$，可得 $S_k \geq S_{k-1} + \dfrac{1}{m} p_{\max}(S_k)$.

引理 2.2.2　令 B_k 为算法（UD）生成的批，则算法在加工 B_k 之前，在时刻 $S_{k-1} + \dfrac{1}{m} p_{\max}(S_k)$ 处，有机器空闲.

证明：若 $k = 1$，则 $S^*(S_1) = 0 = S_0$，$p(B_1) = p_{\max}(S_1)$.

由算法知，$S_1 = \max \left\{ r(B_1),\ \dfrac{1}{m} p(B_1) \right\}$，即 $S_1 = \max \{ r(B_1),\ S_0 + \dfrac{1}{m} p_{\max}(S_1) \}$，在算法（UD）加工 B_1 之前，所有的 m 台机器在时刻 $S_0 + \dfrac{1}{m} p_{\max}(S_1)$ 之前都是空闲的.

利用归纳法，假设对于 $k \geq 2$ 结论对于批 B_1，B_2，$\cdots$，B_{k-1} 成立，则对于 $x = 1$，$\cdots$，$k - 1$，有

$$S_x = \max \left\{ r(B_x),\ S^*(S_x) + \frac{1}{m} p_{\max}(S_x) \right\} \tag{2.1}$$

接下来证明该结论对于批 B_k 也成立.

利用反正法. 假设算法（UD）在加工 B_k 之前，所有的机器在时刻 $S_{k-1} +$

$\frac{1}{m} p_{\max}(S_k)$ 都是忙碌的, 则令 B_{i_1}, B_{i_2}, $\cdots$, B_{i_m} 为在此时刻正被加工的批,

假设

$$S_{i_1} < S_{i_2} < \cdots < S_{i_m} \qquad (2.2)$$

则

$$S^*(S_k) = S_{i_m} = S_{k-1}$$

由于 i_1, i_2, $\cdots$, $i_m < k$, 由式 (2.1) 可知, 对于 $x = 1$, $\cdots$, m 有

$$S_{i_x} = \max\left\{ r(B_{i_x}), \ S^*(S_{i_x}) + \frac{1}{m} p_{\max}(S_{i_x}) \right\} \qquad (2.3)$$

由式 (2.2) 及 $S^*(t)$, $p_{\max}(t)$ 的定义, 对于 $x = 2$, $\cdots$, m 有

$$S^*(S_{i_x}) \geqslant S_{i_{x-1}} \qquad (2.4)$$

及

$$p_{\max}(S_{i_1}) \leqslant p_{\max}(S_{i_2}) \leqslant \cdots \leqslant p_{\max}(S_{i_m}) \qquad (2.5)$$

成立. 由式 (2.3) 和式 (2.4) 可推得对于 $x = 2$, $\cdots$, m 有

$$S_{i_x} \geqslant S_{i_{x-1}} + \frac{1}{m} p_{\max}(S_{i_x}) \qquad (2.6)$$

成立. 对于式 (2.6), 可得

$$S_{i_m} \geqslant S_{i_1} + \frac{1}{m} p_{\max}(S_{i_2}) + \frac{1}{m} p_{\max}(S_{i_3}) + \cdots + \frac{1}{m} p_{\max}(S_{i_m})$$

进一步由式 (2.5) 可变为

$$S_{i_m} \geqslant S_{i_1} + \frac{m-1}{m} p_{\max}(S_{i_1})$$

这样

$$S_{k-1} + \frac{1}{m} p_{\max}(S_k) = S_{i_m} + \frac{1}{m} p_{\max}(S_k) \geqslant S_{i_m} + \frac{1}{m} p_{\max}(S_{i_1})$$

$$\geqslant S_{i_1} + \frac{m-1}{m} p_{\max}(S_{i_1}) + S_{i_m} + \frac{1}{m} p_{\max}(S_{i_1})$$

$$= S_{i_1} + p_{\max}(S_{i_1})$$

$$\geqslant S_{i_1} + p(B_{i_1})$$

$$= C_{i_1}$$

上面推导中最后一个不等式成立是由于 $p_{\max}(S_{i_1}) \geqslant p(B_{i_1})$. 由上述推导知, 批 B_{i_1} 在时刻 $S_{k-1} + \frac{1}{m}p_{\max}(S_k)$ 已完工, 与假设算法 (UD) 在加工 B_k 之前, 所有的机器在时刻 $S_{k-1} + \frac{1}{m}p_{\max}(S_k)$ 都是忙碌的矛盾, 从而引理结论成立.

引理 2.2.3 令 B_k 为算法 (UD) 生成的批, 则

$$S_k = \max\left\{r(B_k),\ S^*(S_k) + \frac{1}{m}p_{\max}(S_k)\right\}$$

若 $S_k > S^*(S_k) + \frac{1}{m}p_{\max}(S_k)$, 则 $S_k = r(B_k)$ 且对所有时刻 $t \in \left[S^*(S_k) + \frac{1}{m}p_{\max}(S_k),\ S_k\right]$, $U(t) = \varnothing$.

证明: 由引理 2.2.2 知 $S^*(S_k) = S_{k-1}$, 从而 $S_k = \max\left\{r(B_k),\ S^*(S_k) + \frac{1}{m}p_{\max}(S_k)\right\}$.

接下来, 假设 $S_k > S^*(S_k) + \frac{1}{m}p_{\max}(S_k)$, 则 $S_k = r(B_k)$. 令 $t \in \left[S^*(S_k) + \frac{1}{m}p_{\max}(S_k),\ S_k\right]$ 为最小的满足 $U(t) \neq \varnothing$ 的值, 则由算法 (UD) 知, $U(t)$ 将作为一个单独的批在时刻 $t < S_k$ 处开工, 从而 $S^*(S_k) \geqslant t \geqslant S^*(S_k) + \frac{1}{m}p_{\max}(S_k)$, 矛盾, 结论成立.

定理 2.2.4 对于排序问题 $P_m \mid online,\ p - batch,\ b = \infty \mid F_{\max}$, 算法 (UD) 的竞争比为 $1 + \frac{1}{m}$.

证明: 令 B_k 为算法 (UD) 生成的批, 由引理 2.2.3 知

$$S_k = \max\left\{r(B_k),\ S^*(S_k) + \frac{1}{m}p_{\max}(S_k)\right\}$$

若 $S_k = S^*(S_k) + \frac{1}{m}p_{\max}(S_k)$，则对于 B_k 中每一个工件 J 的到达时间都

大于 $S^*(S_k)$，且其完工时间为 $C_k = S_k + p(B_k) = S^*(S_k) + \frac{1}{m}p_{\max}(S_k) +$

$p(B_k)$，则工件 J 的流程会小于 $\frac{1}{m}p_{\max}(S_k) + p(B_k) \leqslant (1 + \frac{1}{m})p_{\max}$，其中

$p_{\max}$ 为所有工件的最大加工时间. 若 $S_k > S^*(S_k) + \frac{1}{m}p_{\max}(S_k)$，则由引理

2.2.3 知，对所有时刻 $t \in [S^*(S_k) + \frac{1}{m}p_{\max}(S_k), S_k]$，$U(t) = \varnothing$，且 $S_k =$

$r(B_k)$，由此可得 B_k 中的所有工件在时刻 $S_k = r(B_k)$ 处到达，从而工件的

流程为 $p(B_k) < (1 + \frac{1}{m})p_{\max}$.

以上讨论表明任何一个工件的最大流程不超过 $(1 + \frac{1}{m})p_{\max}$，而显然

在离线最优解中，最大流程至少为 $p_{\max}$，从而定理成立.

接下来讨论所有工件加工长度相等的情形，不妨设加工长度均为 1，
即排序问题

$$P_m \,|\, online, \; p - batch, \; b = \infty, \; p_j = 1 \,|\, F_{\max}$$

在前面讨论中，由定理 2.2.1 知，对于该排序问题，任何在线算法的
下界不会小于 $1 + \alpha_m$，其中 α_m 为方程 $\alpha^2 + (m + 1)\alpha - 1 = 0$ 的正根. 令
$U(t)$ 为时刻 t 已经到达但还未被安排加工的所有工件，$r_{\min}(t)$ 为这些工件
中的最早到达时间，给出如下在线算法，记为（ATD）.

算法（ATD）（arrival time delay）：在时刻 t，若有机器空闲，且 $U(t) \neq$
$\varnothing$，$t \geqslant r_{\min}(t) + \alpha_m$，则将 $U(t)$ 作为一个单独批在空闲机器上开工；否则
等待.

与前讨论类似，对由算法（ATD）生成的批 B_k，令 S_k，C_k 分别为其开工
时间和完工时间，令 J_k 为批 B_k 中最早到达的工件. 为不失一般性，假设由算法
（ATD）生成的批 B_1，B_2，$\cdots$，B_l，其开工时间满足：$S_1 < S_2 < \cdots < S_l$.

定理 2.2.5　对于排序问题 $P_m \,|\, online, \; p - batch, \; b = \infty, \; p_j = 1 \,|\, F_{\max}$，

算法（ATD）的竞争比为 $1 + \alpha_m$.

证明：为简单起见，令 $\alpha = \alpha_m$. 令 B_k 为算法（ATD）生成的关键批，即满足

$$F_{\max}(\sigma) = F_k(\sigma) = C_k(\sigma) - r_k$$

若算法（ATD）在加工批 B_k 时，有机器在时刻 $r_k + \alpha$ 处空闲，则批在该时刻开工，此时，$F_{\max}(\sigma) = F_k(\sigma) = 1 + \alpha$，又因 $F_{\max}(\pi) \geqslant 1$，则 $F_k(\sigma)/F_{\max}(\pi) \leqslant 1 + \alpha$.

接下来，假设在算法（ATD）加工批 B_k 之前，所有的 m 台机器在时刻 $r_k + \alpha$ 处都是忙碌的，令 B_{k-m}，B_{k-m+1}，$\cdots$，B_{k-1} 为此时刻正加工的批. 为不失一般性，对于 $1 \leqslant i \leqslant m$，假设批 B_{k-i} 在第 i 台机器上加工，则批 B_k 在机器 M_m 上加工，其开工时间为 $S_k = C_{k-m}$. 令 B_q 为机器 M_m 上早于 B_k 开工且开工时间为 $r_q + \alpha$ 的最后一个批. 这样的批一定是存在的，因为每台机器上首次开工的批其开工时间一定符合条件. 令 H 为在机器 M_m 上在批 B_q 和 B_k 之间开工的批，包含批 B_k 的集合，即 $H = \{B_i : q < i \leqslant k, B_i$ 在机器 M_m 上加工$\}$. 此时由 q 的定义知，对于 H 中的每个批 B_i，在时刻 $r_i + \alpha$ 处，所有的 m 台机器都是忙碌的. 进一步讲，在时刻 S_i 之前，所有的 m 台机器没有空闲时间，令 H 中批的数目为 h，则必有

$$C_k(\sigma) = S_q + h + 1$$

接下来证明：$k = q + hm$. 为不失一般性，假设 $H = \{B_{i_1}$，B_{i_2}，$\cdots$，$B_{i_m}\}$，$i_1 < i_2 < \cdots < i_h$.

对任意的 x，y，$1 \leqslant x \leqslant h$，$1 \leqslant y \leqslant m - 1$，令 $B_{x,y}$ 为在机器 M_y 上时刻 S_{i_x} 正加工的批，该批的确存在因在时刻 S_{i_x} 所有机器都是忙碌的. 令 $S_{x,y}$，$C_{x,y}$ 分别表示批 $B_{x,y}$ 的开工时间和完工时间，则对任意 $1 \leqslant x \leqslant h$，$1 \leqslant y \leqslant m - 1$，均有 $S_{x,y} < S_{i_x} < C_{x,y}$ 成立.

若存在某 a，x，y，$1 \leqslant a < x \leqslant h$，$1 \leqslant y \leqslant m - 1$ 使得 $B_{a,y} = B_{x,y}$，则

$$S_{i_x} < C_{x,y}(\sigma) = C_{a,y}(\sigma) = S_{a,y} + 1 < S_{i_a} + 1 \leqslant S_{i_x}$$

矛盾，假设不成立. 这样批 $B_{x,y}$，x，y，$1 \leqslant x \leqslant h$，$1 \leqslant y \leqslant m - 1$ 为 $(m-1)h$ 个不同的批.

若机器 M_y，$1 \leq y \leq m-1$ 上存在某个批 B_e 满足 $S_q < S_e < S_k$，但不是 $B_{x,y}$ 类型的批，则

$$C_k(\sigma) > C_{h,y}(\sigma) > S_q + p_e + p_{1,y} + \cdots + p_{h,y} = S_q + h + 1$$

与前面矛盾.

由上述讨论可知，批 B_q，B_{i_x}，$B_{x,y}$，$1 \leq x \leq h$，$1 \leq y \leq m-1$ 为所有在时间区间 $[S_q, S_k]$ 开工的批，其中 B_q 为这些批中最早开工的批. 从而 $k = q + km$.

接下来分两种情形讨论.

情形 1 在离线最优排序 π 中，所有 $k - q + 1 = hm + 1$ 个工件 J_q，$\cdots$，J_k 在不同的批中加工，这些工件的最早到达时间为 $r_q = S_q - \alpha$，则

$$\max\{C_i(\pi): q \leq i \leq k\} \geq S_q - \alpha + h + 1 = C_k(\sigma) - \alpha$$

进一步，注意到所有这些工件到达时刻不超过 r_k，可得

$$F_{\max}(\pi) \geq C_k(\sigma) - \alpha - r_k$$

这样有

$$F_{\max}(\sigma) - F_{\max}(\pi) \leq \alpha \leq \alpha F_{\max}(\pi)$$

情形 2 存在两个工件 J_i，J_j，$q \leq i < j \leq k$ 在离线最优排序 π 中在同一批加工，由算法（ATD）知，$r_j \geq r_{i+1} > S_i \geq r_i + \alpha$，则 $C_i(\pi) \geq r_j + 1 \geq r_i + \alpha + 1$，进一步，$F_{\max}(\pi) \geq 1 + \alpha$.

由于对任意的 x，$k - m + 1 \leq x \leq k - 1$ 有 $S_x \geq r_k + \alpha > S_{x-1} + \alpha$ 成立，则

$$r_k > S_{k-1} \geq S_{k-m} + (m-1)\alpha$$

又由 $C_k(\sigma) = S_{k-m} + 2$ 可得

$$F_{\max}(\sigma) = F_k(\sigma) = C_k(\sigma) - r_k < 2 - (m-1)\alpha$$

从而有

$$\frac{F_{\max}(\sigma)}{F_{\max}(\pi)} < \frac{2 - (m-1)\alpha}{1 + \alpha} = 1 + \alpha$$

成立，其中上式中最后等号成立是因为 $\alpha^2 + (m+1)\alpha - 1 = 0$. 证毕.

2.2.2 排序问题 $1\,|\,\text{online},\ p-\text{batch},\ b<\infty,\ p_1\geqslant p_2\geqslant\cdots\geqslant p_n\,|\,F_{\max}$ 及 $1\,|\,\text{online},\ p-\text{batch},\ b=\infty,\ p_1\geqslant p_2\geqslant\cdots\geqslant p_n\,|\,F_{\max}$

本小节考虑的主要是单处理机,并且工件的加工长度按照不增顺序到达的半在线批排序问题. 在这种条件下, 对于每一个批中的工件, 最早到达的工件也即该批中加工长度最长的工件, 从而此问题变得不那么复杂了. 所以在分析时, 我们主要考虑每一批中的关键工件, 即最早到达的工件即可.

我们在设计算法时的思路是, 对于批容量有界的情形, 如果处理机空闲, 并且当前的可用工件, 也即已经到达的还没有被加工的工件能够形成一满批的话, 我们就从最先到达的工件中依次选出 b 个工件形成一满批放在处理机上进行加工; 如果当前所有可用工件不足以形成一满批的话, 我们会让空闲的处理机等待一段时间, 因为有可能还有工件在未来很短的一段时间内到达, 但我们又不能让处理机一直等待下去, 这在某种程度上会造成一种处理机资源的浪费, 所以等待多久是设计算法的关键. 过了这段等待时间, 即使当前可用工件不能形成一满批, 我们也要将工件放在机器上加工.

对于批容量无界的情形, 在任意时刻, 只要处理机空闲并且有可用工件, 我们就可以让所有工件形成一批放在机器上加工. 类似上面的分析, 我们一般情况下不会立马加工当前的可用工件, 还是会等待一段时间, 这段时间的确定还是最关键的. 我们期待在等待的这段时间内有大批工件到达, 与之前的可用工件放在一起加工, 但出于对处理机资源的节省, 我们不会一直等待下去, 过了设定的等待期限, 我们就会将当前所有可用工件放在已经空闲的机器上加工.

基于上面的分析, 本节分别对于批容量有界与无界两种情形设计了算法, 并证明了这两个算法的最好可能性.

对其任一在线算法所得的批 B 的长度为该批内最长工件的加工时间. 在批容量有界的情形, 如果一个批满足 $|B|=b$, 我们称这个批为满批; 否则称这个批为非满批. 在这里, 我们记 σ 为在线算法所得的批序列, π 为离

线最优算法所得的批序列.

下面将证明对于上述两个排序问题,它们的竞争比的下界分别为 $1 + \alpha$ 和 $1 + \beta$,其中 $\alpha = \dfrac{\sqrt{5} - 1}{2}$,$\beta = \sqrt{2} = 1$.

定理 2.2.6 对于在线排序问题 $1 \mid online,\ p - batch,\ b < \infty,\ p_1 \geqslant p_2 \geqslant \cdots \geqslant p_n \mid F_{\max}$,任何在线算法 A 的竞争比 $\rho_A \geqslant 1 + \alpha$.

证明:用对手法构造实例来证明. 对手法根据在线算法对工件的不同安排,决定未来是否到达工件.

假设在 $r_1 = 0$ 处有一个工件 J_1 到达,加工长度 $p_1 = 1$. 假设算法 A 在 s 时刻加工 J_1,如果 $s \geqslant \alpha$,则接下来没有任何工件到达,此时

$$F_{\max}(\sigma) \geqslant 1 + \alpha$$

而 $F_{\max}(\pi) = 1$,这样

$$F_{\max}(\sigma) / F_{\max}(\pi) \geqslant 1 + \alpha$$

如果 $s < \alpha$,在 $r_2 = s + \varepsilon$ 处有 $b - 1$ 个加工长度为 1 的工件到达,其中 ε 为一个非常小的正数,在 $r_3 = 1$ 处有 2 个加工长度为 1 的工件到达,这样,对任何在线排序都有

$$F_{\max}(\sigma) \geqslant \max\{s + 1,\ 2 - \varepsilon,\ s + 3 - 1\} = s + 2$$

下面给出该例子的一个可行排序. 在 $s + \varepsilon$ 处将 r_1 处到达的一个工件和在 r_2 处到达的 $b - 1$ 个工件形成 1 个批在处理机上进行加工,在 $s + \varepsilon + 1$ 处将在 r_3 处到达的工件形成 1 个批加工,这样有

$$F_{\max}(\pi) \leqslant 1 + s + \varepsilon$$

从而

$$\frac{F_{\max}(\sigma)}{F_{\max}(\pi)} \geqslant \frac{s + 2}{1 + s + \varepsilon} \to \frac{s + 2}{s + 1} = 1 + \frac{1}{s + 1} > 1 + \frac{1}{1 + \alpha} = 1 + \alpha$$

上述推导中最后一个等式成立是由于 $\alpha^2 + \alpha - 1 = 0$,定理证毕.

定理 2.2.7 对于在线排序问题 $1 \mid online,\ p - batch,\ b = \infty,\ p_1 \geqslant p_2 \geqslant \cdots \geqslant p_n \mid F_{\max}$,任何在线算法 A 的竞争比 $\rho_A \geqslant 1 + \beta$.

证明:我们仍然采用构造实例法来证明. 假设 A 是任意的一个在线算法,ε 为一个很小的正数. 第一个工件 J_1 在 $r_1 = 0$ 处到达. 假设算法在时刻 s

加工工件 J_1.

如果 $s \geqslant \beta$，则接下来没有任何工件到达，此时

$$F_{\max}(\sigma) \geqslant 1 + \beta$$

而 $F_{\max}(\pi) = 1$，这样

$$F_{\max}(\sigma)/F_{\max}(\pi) \geqslant 1 + \beta$$

如果 $s < \beta$，则在 $r_2 = s + \varepsilon$ 处有 1 个加工长度为 1 的工件到达，这样，对任何在线排序都有

$$F_{\max}(\sigma) \geqslant \max\{s + 1, \ 2 - \varepsilon\}$$

接下来，给出该例子的一个可行排序. 在时刻 $s + \varepsilon$ 处将 r_1 处到达的工件和在 r_2 处到达的工件形成 1 个批在批处理机上进行加工，这样我们有

$$F_{\max}(\pi) \leqslant 1 + s + \varepsilon$$

从而

$$\frac{F_{\max}(\sigma)}{F_{\max}(\pi)} \geqslant \frac{2 - \varepsilon}{1 + s + \varepsilon} \to \frac{2}{s + 1} > \frac{2}{1 + \beta} = 1 + \beta$$

定理证毕.

对排序问题 $1 \mid \text{online}, \ p - \text{batch}, \ b < \infty, \ p_1 \geqslant p_2 \geqslant \cdots \geqslant p_n \mid F_{\max}$，即单批处理机上的时间在线排序批容量有界且工件按照加工长度不增的顺序到达的模型，我们先给出一个竞争比为 $1 + \alpha$ 的在线算法，记为算法 H_1. 机器空闲且有可用工件时，如果当前可用工件可以形成满批，那么就将最早到达的 b 个工件形成一满批在处理机上进行加工；如果可用工件不能形成一满批，可能会等待一段时间，等待时间的长短将体现在算法 H_1 中.

对排序问题 $1 \mid \text{online}, \ p - \text{batch}, \ b = \infty, \ p_1 \geqslant p_2 \geqslant \cdots \geqslant p_n \mid F_{\max}$，即单批处理机上的时间在线排序批容量无界且工件按照加工长度不增的顺序到达的模型. 关于该模型给出了一个竞争比为 $1 + \beta$ 的在线算法，记为算法 H_2. 算法思路与批容量有界的情形类似. 当处理机空闲且有可用工件集时，也可能会等待一段时间，等待时间的长短体现在 H_2 中.

在给出算法 H_1 和算法 H_2 之前，我们先给出两个重要的引理：引理 2.2.8 和引理 2.2.9.

引理 2.2.8　对于在线排序问题 $1 \mid online, \ p - batch, \ b < \infty, \ p_1 \geqslant$ $p_2 \geqslant \cdots \geqslant p_n \mid F_{\max}$，存在一个离线最优排序，使得工件的加工顺序满足"先到先加工"原则.

证明：设 I 为满足定理条件的一个实例，π 是关于 I 的一个离线最优排序，生成的批分别为 $B_1, B_2, \cdots, B_k$. 如果该最优排序满足定理中的条件，则得证；否则，先证明存在最优离线排序，使得每一批中工件的标号连续. 反之，令批 B 是第一个批，该批中存在工件标号不连续的工件，设该批中第一对工件标号不连续的工件为 J_i，J_j，$j > i + 1$.

假设工件 J_{i+1} 在批 B' 中加工. 如果批 B' 在批 B 之前被加工，则由 B 的选择知，B' 中任一工件的标号不小于 $i + 1$，且小于 j. 此时交换工件 J_{i+1} 和 J_j 的位置，此时批 B' 的加工时间不增，批中最早工件的到达时间不减，而对批 B 没有任何影响，并且对其余的批也不会产生负面的影响，从而交换工件位置后所得排序仍为最优排序.

如果批 B' 在批 B 之后开工，交换工件 J_{i+1} 和 J_j 的位置，对批 B 没有任何影响，而对于批 B' 来讲，走了一个大工件，来了一个小工件，加工时间不增，且批中工件最早到达时间不减，从而交换位置后的排序仍为最优排序，且一旦工件 J_{i+1} 放入批 B 中后，它将不会再被移到其他批中去，经过有限步交换后，便得到一个最优排序，每一批中工件的标号都是连续的，我们仍用 $B_1, B_2, \cdots, B_k$ 来表示最终所得的批.

如果此时有两个批 B_i 和批 B_j 满足 $j = i + 1$，但 $p(B_i) < p(B_j)$，则批 B_j 中的工件都比批 B_i 中的工件来得早，交换这两个批的位置，不难看出，所得排序仍为最优排序. 经过有限步交换后，便得到一个最优排序，每一个批中的工件标号连续，且批的加工长度由大到小递减，实际上，各批中工件恰好是工件集 $J_1, J_2, \cdots, J_n$ 的一个连续划分. 从而定理得证.

引理 2.2.9　对于在线排序问题 $1 \mid online, \ p - batch, \ b = \infty, \ p_1 \geqslant$ $p_2 \geqslant \cdots \geqslant p_n \mid F_{\max}$，存在一个离线最优排序，使得工件的加工顺序满足"先到先加工"原则.

证明：设 I 为满足定理条件的一个实例，π 是关于 I 的一个离线最优排序，生成的批分别为 B_1，B_2，$\cdots$，B_k.

如果存在批 B_i 和批 B_j，$i < j$，加工长度满足 $p(B_i) < p(B_j)$，将批 B_i 中的所有工件放到 B_j 中去，则所得排序仍为最优排序. 其原因如下：设批 B_i 和批 B_j 中的关键工件分别为 J_i 和 J_j，因 $p_i = p(B_i) < p(B_j) = p_j$，由已知条件知，$r_i \geq r_j$，将批 B_i 中的所有工件放到 B_j 中后，其余批都不受任何影响，批 B_j 的加工时间不变，最早工件的到达时间不变，从而批 B_j 也不受任何影响，所得排序仍为最优的.

经有限次这样的步骤后，我们便得到一个最优排序，即各批的加工长度按照从大到小的顺序排列. 更进一步讲，如果存在批 B，该批中有两个工件标号不连续，设第一对工件标号不连续的工件为 J_i，J_j，$j > i$. 假设工件 J_{i+1} 在批 B' 中加工，则与引理 2.2.8 的证明类似，交换工件 J_{i+1} 和工件 J_j 的位置，仍得到一个最优排序. 这样经有限步这样的交换后，便得到一个最优排序，每批中的工件的标号连续，且各批中工件恰是工件集的一个连续划分. 定理得证.

假定在下面的算法证明过程中所涉及的最优离线排序均满足上述两个引理的性质. 在给出算法之前，我们要先给出一些符号和定义. 用 $U(t)$ 表示 t 时刻的所有可用工件集，用 $r(t)$ 和 $p(t)$ 表示 $U(t)$ 中最早到达工件的到达时刻和加工长度. 我们给出关键批的定义，对一实例 I 实行算法，所得最终排序中达到目标函数值的工件所在的批为关键批，若有多个这样的批，则我们选择最早开工的那个批作为关键批.

下面给出批容量有界情形下的算法 H_1 和批容量无界情形下的算法 H_2.

算法 H_1：设 t 时刻机器空闲且 $U(t) \neq \varnothing$，若 $|U(t)| \geq b$，则从 $U(t)$ 中选出最早到达的 b 个工件形成一满批加工；若 $U(t) < b$ 且 $t \geq r(t) + \alpha p(t)$，则将 $U(t)$ 中的工件形成一非满批加工；否则等待.

算法 H_2：设 t 时刻机器空闲且 $U(t) \neq \varnothing$，若 $t \geq r(t) + \beta p(t)$，则将 $U(t)$ 中的工件形成一批加工；否则等待.

下面逐个分析这两个算法的竞争比.

定理 2.2.10 对于排序问题 $1 \mid$ online，$p-$batch，$b < \infty$，$p_1 \geq p_2 \geq \cdots \geq$

$p_n | F_{\max}$，算法 H_1 的竞争比为 $1 + \alpha$.

证明：对于实例 I，满足工件加工长度从大到小依次到达，对其施行算法 H_1，假设 B_i 是第一个关键批，开工时间为 S_i，最早工件的到达时间为 r_i.

情形 1　批 B_i 开工之前机器空闲，则

$$S_i \leqslant r(B_i) + \alpha p(B_i)$$

其中 $r(B_i)$ 是 B_i 中最早到达工件的到达时间，从而

$$\begin{aligned}
F_{\max}(\sigma) &= S_i + p(B_i) - r(B_i) \\
&\leqslant r(B_i) + \alpha p(B_i) + p(B_i) - r(B_i) \\
&= (1 + \alpha) p(B_i) \\
&\leqslant (1 + \alpha) F_{\max}(\pi)
\end{aligned}$$

情形 2　批 B_i 开工之前机器忙碌.

情形 2.1　批 B_i 之前没有其他批开工，也即该批为第一个批，且在 0 时刻开工，显然 σ 为最优排序.

情形 2.2　批 B_i 之前有批 B，开工时间为 S.

情形 2.2.1　$r_i \geqslant S$，则

$$F_{\max}(\sigma) = S_i + p_i - r_i \leqslant S_i + p_i - S = p_i + p_j$$

其中 p_i，p_j 分别是批 B_i，B 中关键工件的加工长度，由假设知，每一批中的关键工件即为该批中最早到达的工件.

假设批 B 之前连续加工的批为 B_{i1}，B_{i2}，$\cdots$，B_{ik}，$k \geqslant 1$，对于批 B_{i1}，要么在 0 时刻开工，要么该批之前有一空闲区间，但总有 $S_{i1} \leqslant r_{i1} + \alpha p_{i1}$. 其中 r_{i1}，p_{i1} 分别为批 B_{i1} 中最早到达工件的到达时间和加工长度.

如果当前所涉及的批（在 r_i 之前开工的所有批）中有关键工件在最优排序下位于同一批中，不妨假设这两个批为 B_x，B_y，$x < y$，则不难看出，B_x 为非满批，且开工时间 $S_x \geqslant r_x + \alpha p_x$，$r_y > S_x$，$p_x \geqslant p_y$，那么

$$F_{\max}(\pi) \geqslant r_y + p_x - r_x \geqslant r_y + p_x - (S_x - \alpha p_x) > (1 + \alpha) p_x$$

这样

$$\frac{F_{\max}(\sigma)}{F_{\max}(\pi)} \leqslant \frac{p_i + p_j}{(1 + \alpha) p_x} \leqslant \frac{2 p_x}{(1 + \alpha) p_x} = \frac{2}{1 + \alpha} = 1 + \alpha$$

如果当前所涉及的所有批中关键工件在最优排序下位于不同的批中，则

$$F_{\max}(\pi) \geqslant r_{i1} + p_{i1} + \cdots + p_{ik} + p_j + p_i - r_i$$
$$\geqslant S_{i1} - \alpha p_{i1} + p_{i1} + \cdots + p_{ik} + p_j + p_i - r_i$$
$$= F_{\max}(\sigma) - \alpha p_{i1}$$

整理得

$$F_{\max}(\sigma) \leqslant F_{\max}(\pi) + \alpha p_{i1} \leqslant (1 + \alpha) F_{\max}(\pi)$$

情形 2.2.2 $r_i < S$.

由算法不难看出，批 B 必为满批，且批 B_i 中的关键工件 J_i 到达时机器上正有批在加工，不妨假设此时正在加工的批为 B_{i0}，$S_{i0} < r_i < S_{i0} + p_{i0}$，假设批 B_{i0} 与批 B 之间有 k 个批在加工，分别为 B_{i1}，B_{i2}，$\cdots$，B_{ik}，$k \geqslant 0$，批 B_{i0} 之前连续加工的批的数目为 l，分别为

$$B_{j1}, \cdots, B_{jl}, l \geqslant 0$$

易知，批 B_{i1}，B_{i2}，$\cdots$，B_{ik} 若存在的话均为满批，从而在最优排序 π 下，批 B_{i1}，B_{i2}，$\cdots$，B_{ik}，B，B_i 中的关键工件不会在同一批中加工.

若批 B_{i0} 中的关键工件 J_{i0} 与批 B_{i1} 中的关键工件 J_{i1} 在同一批中加工，则必有 B_{i0} 为非满批，且 $S_{i0} \geqslant r_{i0} + \alpha p_{i0}$，$r_{i1} > S_{i0}$. 这样有

$$F_{\max}(\pi) \geqslant \max\{r_{i1} + p_{i0} - r_{i0}, \ r_{i1} + p_{i0} + p_{i2} + \cdots + p_{ik} + p_j + p_i - r_i\}$$

若 $r_i - r_{i0} \geqslant p_{i2} + \cdots + p_{ik} + p_j + p_i$，则

$$\frac{F_{\max}(\sigma)}{F_{\max}(\pi)} \leqslant \frac{S_i + p_i - r_i}{r_{i1} + p_{i0} - r_{i0}} - \frac{S_{i0} + p_{i0} + p_{i1} + \cdots + p_{ik} + p_j + p_i - r_i}{r_{i1} + p_{i0} - r_{i0}}$$
$$\leqslant \frac{S_{i0} + p_{i0} + p_{i1} - r_{i0}}{S_{i0} + p_{i0} - r_{i0}} \leqslant 1 + \frac{p_{i0}}{(1 + \alpha) p_{i0}}$$
$$= 1 + \alpha$$

若 $r_i - r_{i0} < p_{i2} + \cdots + p_{ik} + p_j + p_i$，则

$$\frac{F_{\max}(\sigma)}{F_{\max}(\pi)} \leqslant \frac{S_{i0} + p_{i0} + \cdots p_{ik} + p_j + p_i - r_i}{r_{i1} + p_{i0} + p_{i2} + \cdots + p_{ik} + p_j + p_i - r_i} \leqslant 1 +$$

$$\frac{p_{i1}}{S_{i0} + p_{i0} + p_{i2} + \cdots + p_{ik} + p_j + p_i - (r_{i0} + p_{i2} + \cdots + p_{ik} + p_j + p_i)}$$

$$= 1 + \frac{p_{i1}}{S_{i0} + p_{i0} - r_{i0}} \leqslant 1 + \frac{p_{i0}}{(1 + \alpha) p_{i0}} = 1 + \alpha$$

若 B_{j1}, $\cdots$, B_{jl}, B_{i0} 中有两个批的关键工件在同一批中，我们只需考虑最后两个相邻的关键批中的关键工件即可，证明与上面完全类似.

若上面所涉及的所有批中的关键工件在最优排序中位于不同的批中，则

$$
\begin{aligned}
F_{\max}(\pi) &\geqslant r_{j1} + p_{j1} + \cdots + p_{jl} + p_{i0} + p_{i1} + \cdots + p_{ik} + p_j + p_i - r_i \\
&\geqslant S_{j1} - \alpha p_{j1} + p_{j1} + \cdots + p_{jl} + p_{i0} + p_{i1} + \cdots + p_{ik} + p_j + p_i - r_i \\
&= F_{\max}(\sigma) - \alpha p_{j1}
\end{aligned}
$$

整理得

$$F_{\max}(\sigma) \leqslant F_{\max}(\pi) + \alpha p_{j1} \leqslant (1 + \alpha) F_{\max}(\pi)$$

定理得证. 进一步由引理 2.2.8 知该算法为关于该排序问题的最好可能的在线算法.

定理 2.2.11 对于排序问题 $1 \mid online$, $p - \mathrm{batch}$, $b = \infty$, $p_1 \geqslant p_2 \geqslant \cdots \geqslant p_n \mid F_{\max}$，算法 H_2 的竞争比为 $1 + \beta$.

证明：令 B_k 是第一个关键批，并且假设该批之前连续加工的批的数目为 $k - 1$，记为 B_1, $\cdots$, B_{k-1}.

假设批 B_1 的开工时间为 t，则 t 之前机器要么空闲，要么 $t = 0$.

若 $k = 1$，则 $t = r_1 + \beta p_1$，此时

$$F_{\max}(\sigma) = r_1 + \beta p_1 + p_1 - r_1 = (1 + \beta) p_1 \leqslant (1 + \beta) F_{\max}(\pi)$$

若 $k \geqslant 2$，并且这 k 个批中有两个批的关键工件在最优排序 π 中位于同一批中，不妨假设这两个批分别为 B_i, B_j, $1 \leqslant i < j \leqslant k$，则

$$F_{\max}(\pi) \geqslant r_j + p_i - r_i > S_i + p_i - r_i \geqslant \beta p_i + p_i = (1 + \beta) p_i$$

而

$$F_{\max}(\sigma) = S_{k-1} + p_{k-1} + p_k - r_k < p_{k-1} + p_k \leqslant 2 p_i$$

从而有

$$\frac{F_{\max}(\sigma)}{F_{\max}(\pi)} \leqslant \frac{2}{1 + \beta} = 1 + \beta$$

若这 k 个批中的关键工件在最优排序 π 中位于不同的批中，则

$$F_{\max}(\pi) \geqslant r_1 + p_1 + \cdots + p_k - r_k$$
$$= t - \beta p_1 + p_1 + \cdots + p_k - r_k$$
$$= F_{\max}(\sigma) - \beta p_1$$

整理得

$$F_{\max}(\sigma) \leqslant F_{\max}(\pi) + \beta p_1 \leqslant (1 + \beta) F_{\max}(\pi)$$

定理得证.

进一步, 由引理 2.2.9 知, 批容量无界的批排序问题的一个下界为 $1 + \beta$, 从而该算法是关于该排序问题最好可能的在线算法.

2.2.3 排序问题 $P_m \mid \text{online}, p - \text{batch}, b < \infty, p_j = p \mid F_{\max}$

本节所讨论的模型是平行机上工件加工长度都相等的在线分批排序, 目标函数仍为最小化最大流程 $F_{\max}$. 用三参数表示为

$$P_m \mid \text{online}, p - \text{batch}, b < \infty, p_j = p \mid F_{\max}$$

平行机上的排序要比单机上的排序复杂得多, 当批形成且要放在处理机上加工时, 如果有多台处理机可用, 我们要考虑将批放在哪台机器上加工. 与单机情形类似, 当有机器空闲, 且有可用工件时, 是将这些工件立马开工, 还是等待一段时间? 如果等待, 是等待多久? 在什么情况下等待? 在什么情况下不等待? 这些问题是我们本节所要讨论的问题.

本小节我们先给出了关于上述排序问题的一个竞争比的下界 $1 + \alpha$, 其中 α 满足 $\alpha^2 + \alpha - 1 = 0$, 再设计算法 H_3, 并分析算法的竞争比, 最终证得竞争比与下界吻合, 从而我们所设计的算法是关于该排序问题的一个最好可能的在线算法.

我们通过构造反例来给出本节所讨论的排序问题的竞争比的下界.

定理 2.2.12 对于排序问题 $P_m \mid \text{online}, p - \text{batch}, b < \infty, p_j = p \mid F_{\max}$, 任何在线算法 A 的竞争比不会小于 $1 + \alpha$.

证明: 我们采用对手法构造实例来证明.

假设在 $r_1 = 0$ 处有一个工件 J_1 到达, 加工长度 $p_1 = 1$, 假设算法在 s 时刻加工 J_1, 如果 $s \geqslant \alpha$, 则接下来没有任何工件到达, 此时, $F_{\max}(\sigma) \geqslant 1 +$

α，而 $F_{\max}(\pi) = 1$，这样

$$\frac{F_{\max}(\sigma)}{F_{\max}(\pi)} \geq 1 + \alpha$$

如果 $s < \alpha$，则在 $r_2 = s + \varepsilon$ 处有 $(m-1)b + b - 1$ 个加工长度为 1 的工件到达，在 $r_3 = 1$ 处有 $(m-1)b + 2$ 个加工长度为 1 的工件到达.

这样，对于任何在线排序都有

$$F_{\max}(\sigma) \geq \max\{s + 1, 2 - \varepsilon, s + 3 - 1\} = s + 2$$

下面给出该实例的一个可行排序. 在 $s + \varepsilon$ 处将 r_1 处到达的一个工件和在 r_2 处到达的 $(m-1)b + b - 1$ 个工件形成 m 个批分别在这 m 台机器上加工，在 $s + \varepsilon + 1$ 处将在 r_3 处到达的工件形成 m 个批加工，这样我们有

$$F_{\max}(\pi) \leq 1 + s + \varepsilon$$

从而

$$\frac{F_{\max}(\sigma)}{F_{\max}(\pi)} \geq \frac{s + 2}{1 + s + \varepsilon} \to \frac{s + 2}{1 + s} = 1 + \frac{1}{1 + s} > 1 + \frac{1}{1 + \alpha} = 1 + \alpha$$

定理得证.

接下来，给出关于排序问题 $P_m \mid online,\ p - batch,\ b < \infty,\ p_j = p \mid F_{\max}$ 的一个竞争比为 $1 + \alpha$ 的在线算法 H_3.

简单起见，不妨假设每个工件的加工长度为 1. 则对于任何离线最优排序 π 均有 $F_{\max}(\pi) \geq 1$.

算法 H_3：

第 0 步：令 $t = 0$.

第 1 步：计算 $U(t)$. 如果 $|U(t)| < b$，转到第 3 步.

第 2 步：从 $U(t)$ 中选择前 b 个工件形成一个满批，从 m 台机器中选择最先出现空闲的那台机器加工该满批，令 t 是 m 台机器中最早出现空闲的时间. 转到第 1 步.

第 3 步：如果 $|U(t)| = 0$，转到第 4 步. 令 $r(t)$ 是 $U(t)$ 中最早工件的到达时间，如果 $t \geq r(t) + \alpha$，将 $U(t)$ 中的工件作为一批在最早出现空闲的机器上加工，并且令 t 为 m 台机器中最早出现空闲的时间. 转到第 1 步.

第 4 步：等待，如果有工件在 $r(t) + \alpha$ 之前到达，则令 t 为该新工件的

到达时间；否则令 t 为 $r(t) + \alpha$，转到第 1 步.

第 5 步：如果仍有工件到达，令 t 为新工件的到达时间，转到第 1 步；否则结束算法.

算法分析：该算法有两个特点，即如果当前可用工件能够形成满批的话，一旦有空闲机器，则立刻开工，不会再等待；如果当前可用工件不能形成一个满批的话，则等到 $r(t) + \alpha$ 时刻开工，其中 $r(t)$ 为当前可用工件中最早工件的到达时间，如果在 $r(t) + \alpha$ 处没有机器空闲，则等到有机器空闲再加工.

不难看出，该算法在安排批加工时，可以假定从第一台机器到最后一台机器依次放批，然后再从第一台机器放起. 这个假定根据算法的特点是合理的，因为每一批的加工长度都为 1，且放批时总是在最早出现机器空闲的机器上放，若有多个机器空闲，则选择机器标号最小的那台机器安排当前可用的未排批. 按照这种方式，机器 M_i 上所放的批的标号为

$$i, \ i + m, \ i + 2m, \ \cdots$$

我们将批标号为 $im + 1$，$im + 2$，$\cdots$，$im + m$ 的批称为处于同一纵列的批.

在给出算法竞争比的证明之前，我们先给出引理 2.2.13.

引理 2.2.13　对于排序问题 $P_m \mid$ online, p – batch, $b < \infty$, $p_j = p \mid F_{\max}$，存在离线最优排序使得工件的加工顺序满足"先到先开工"原则.

证明：假设 π 是关于工件集 I 的一个离线最优排序，若存在两个工件 J_i，J_j，满足条件 $r_i \leqslant r_j$，但是开工时间有 $S_i > S_j$，那么我们交换这两个工件，其余工件位置不做任何变动，得到另一个排序 π'. 我们有

$$F_i(\pi) = S_i + 1 - r_i$$
$$F_j(\pi) = S_j + 1 - r_j$$

在 π' 下有

$$F_i(\pi') = S_j + 1 - r_i < F_i(\pi)$$
$$F_j(\pi') = S_i + 1 - r_j \leqslant F_i(\pi)$$

其余工件在这两个排序下的目标值是相同的. 这样我们有

$$F_{\max}(\pi') \leqslant F_{\max}(\pi)$$

从而 π' 也是一个最优排序，经过有限步上述工件交换位置后，我们便得到一个最优排序满足"先到先开工"原则. 引理证毕.

假定接下来证明中所提到的所有离线最优排序 π 均满足"先到先开工"原则.

接下来，证明算法 H_3 的竞争比为 $1 + \alpha$.

不妨设批 B_i 是第一个关键批，所谓关键批，即批中有工件的目标值为 $F_{\max}(\sigma)$ 的批. 我们所选择的 B_i 是最早开工的批，设批 B_i 的开工时间为 S_i，如果有多个关键批也在 S_i 处开工，则选择所有这些关键批中标号最小的那一个记为 B_i，并且有

$$F_{\max}(\sigma) = S_i + 1 - r_i$$

其中 r_i 为批 B_i 中最早到达工件的到达时间. 称每个批中最早到达的那个工件为该批的关键工件.

下面分情形讨论.

情形 1 在 $S_i - \varepsilon$（ε 为一很小的正数）处有机器空闲. 由 B_i 的选取和算法特点知 B_i 所在的那台机器在 $S_i - \varepsilon$ 处也是空闲的.

如果 B_i 是满批，则必有

$$S_i = r_{\max}(B_i) \leqslant r_i + \alpha$$

如果 B_i 是非满批，则必有

$$S_i = r_i + \alpha$$

从而有

$$F_{\max}(\sigma) = S_i + 1 - r_i \leqslant r_i + \alpha + 1 - r_i = 1 + \alpha \leqslant (1 + \alpha) F_{\max}(\pi)$$

情形 2 在 $S_i - \varepsilon$ 处没有机器空闲.

由算法特点易知，如果由算法产生的批的数目不超过 m，那么每台机器上至多有一个批在加工，并且每一个批 B 的开工时间 $s \leqslant r + \alpha$，其中 r 为批 B 中关键工件的到达时间. 这样显然有 $F_{\max}(\sigma) \leqslant (1 + \alpha) F_{\max}(\pi)$. 所以不妨假定由算法产生的批的数目至少为 $m + 1$.

我们记在 $S_i - \varepsilon$ 处每台机器上正在加工的批分别为 B_{j1}, B_{j2}, $\cdots$, B_{jm}，并记这些批的开工时间为 S_{jx}, $1 \leqslant x \leqslant m$，显然有 $S_{jx} \in [S_i - 1,$

S_i），对任意的 $1 \leqslant x \leqslant m$. 假定机器 M_y 为加工批 B_i 的那台机器.

接下来只需讨论在 $< S_i$ 处开工的工件和 B_i 中的工件即可，记这样的工件集为 I'.

原因如下：对工件集 I' 实施算法，得排序 σ'. 显然有

$$F_{\max}(\sigma') = F_{\max}(\sigma)$$

并且 I' 的最优排序 π' 与原工件集 I 的最优排序 π 有关系，有

$$F_{\max}(\pi') \leqslant F_{\max}(\pi)$$

从而

$$\frac{F_{\max}(\sigma)}{F_{\max}(\pi)} \leqslant \frac{F_{\max}(\sigma')}{F_{\max}(\pi')}$$

在不致引起混淆的情况下，我们仍用 I，σ，π 来代表 I'，σ'，π'.

情形 2.1　S_{jx}，$1 \leqslant x \leqslant m$ 之前均无机器空闲.

这样每一批的开工时间为整数 0，1，2，$\cdots$，$S_i - 1$，S_i.

情形 2.1.1　所有的批除 B_i 外均为满批.

我们断言：σ 是最优的.

事实上，若 $r_i = 0$，则显然所有的工件均在 0 时刻到达，σ 是最优的.

若 $S < r_i \leqslant S + 1$，其中 S 为非负整数，且 $0 \leqslant S \leqslant S_i - 1$，此时在时刻 0，1，2，$\cdots$，$S_i - 1$ 处开工的所有批中的工件均在 $\leqslant r_i$ 处到达，这样

$$F_{\max}(\pi) \geqslant S_i + 1 - r_i = F_{\max}(\sigma)$$

其中 $S_i + 1$ 为最优排序 π 下所有关键工件最早可能的完工时间，r_i 为关键工件中最大的到达时间，从而必有，$F_{\max}(\pi) \geqslant S_i + 1 - r_i$，此时 σ 为最优排序.

情形 2.1.2　在 S_i 之前开工的批有非满批.

记最后一个非满批为 B，开工时间为 S. 由算法特点知，在 0 时刻开工的所有批均为满批，从而 $1 \leqslant S \leqslant S_i - 1$. 由 B 的选取知，在 $S + 1$，$\cdots$，$S_i - 1$ 处开工的批中的工件（若存在的话）加上 B_i 中的工件均在 $> S$ 处到达，且在 $S + 1$，$\cdots$，$S_i - 1$ 处开工的批（若存在的话）均为满批，这些批中的工件均在 $\leqslant r_i$ 处到达.

这样最优排序必有

$$F_{\max}(\pi) > S + S_i - 1 - S + 1 - r_i = S_i - r_i$$

又因

$$F_{\max}(\sigma) = S_i + 1 - r_i$$

若 $S_i - r_i \geq 1 + \alpha$，则

$$\frac{F_{\max}(\sigma)}{F_{\max}(\pi)} < \frac{S_i + 1 - r_i}{S_i - r_i} = 1 + \frac{1}{S_i - r_i} \leq 1 + \frac{1}{1 + \alpha} = 1 + \alpha$$

若 $S_i - r_i \leq \alpha$，则

$$F_{\max}(\sigma) = S_i + 1 - r_i \leq 1 + \alpha \leq (1 + \alpha) F_{\max}(\pi)$$

接下来不妨假设 $\alpha < S_i - r_i < 1 + \alpha$，这样便有

$$F_{\max}(\sigma) = S_i + 1 - r_i < 1 + \alpha + 1 = 2 + \alpha$$

若 σ 中，有两个批中的关键工件在最优排序 π 下在同一个批中加工，我们不妨设这两个关键工件分别在批 B_x，B_y，$x < y$ 中.

我们可以先断言：B_x，B_y 的开工时间不同，即 $S_x < S_y$.

若不然，由算法特点知，B_x 为满批，B_x 中的关键工件在 π 下不可能与 B_y 中的工件在同一批加工（此处做这样的论断，是因对实例施行在线算法时，批中工件在安排时按照到达时间自然有一个标号顺序，我们假定在离线最优安排下，工件的加工顺序满足 "先到先开工" 这一条件，工件的加工顺序仍然按照此标号进行）.

这样 B_x 为非满批，其开工时间满足 $S_x \geq r_x + \alpha$，$r_y > S_x$，其中 r_x，r_y 分别为批 B_x，B_y 中关键工件的到达时间，从而

$$F_{\max}(\pi) \geq r_y + 1 - r_x \geq r_y + 1 - (S_x - \alpha) > 1 + \alpha$$

这样便有

$$\frac{F_{\max}(\sigma)}{F_{\max}(\pi)} < \frac{2 + \alpha}{1 + \alpha} = 1 + \frac{1}{1 + \alpha} = 1 + \alpha$$

若 σ 中，所有批中的关键工件在 π 下位于不同的批中，则有

$$F_{\max}(\pi) \geq S_i + 1 - r_i = F_{\max}(\sigma)$$

其中 $S_i + 1$ 是此时 π 下所有工件的最早可能完工时间，r_i 是所有关键工件中最晚的到达时间，此时 σ 是最优的.

情形 2.2　S_{j_x} 之前有某个机器空闲，对某个 $x \in \{1, 2, \cdots, m\}$.

记最后一个空闲区间为 (t_1, t_2)，不妨设该空闲区间在机器 M_x 上. 之前我们假定所选的关键批在机器 M_y 上，x 有可能等于 y，也可能不等于 y（最后一个的意思是右端点 t_2 最大，若有多个空闲区间以 t_2 为右端点，则选择空闲区间长度最大的那个，若有多个最大空闲区间以 t_2 为右端点，则选择空闲区间所在的机器下标最小的那一个）.

令批 B 是在机器 M_x 上在 t_2 处开工的批，由上述讨论知批 B 是一定存在的.

我们先给出一个论断，在情形 2.2 下，最优排序 π 满足 $F_{\max}(\pi) \geq S_i - r_i$.

事实上，若 $B = B_{jx}$（其中 B_{jx} 如前所述，为在机器 M_x 上在区间 $[S_i - 1, S_i]$ 处开工的那个批），此时有 $S_{jx} = t_2 \geq S_i - 1$.

因 $r_i \geq t_2 \geq S_i - 1$［若 B 为非满批，则 $r_i > t_2$；若 B 为满批，则因 B 之前有空闲区间，所以 $r_{\max}(B) = t_2$，必有 $r_i \geq t_2$］.

所以，$F_{\max}(\pi) \geq r_i + 1 - r_i \geq S_i - r_i$.

若 $B \neq B_{jx}$，则批 B_{jx} 的开工时间 $S_{jx} \geq t_2 + 1$.

我们先给出两个断言.

断言 1　除机器 M_x 之外，其余各机器均有在 $> t_2$ 处开工的批.

证明如下：由 $B_{j1}, B_{j2}, \cdots, B_{jm}$ 的定义知，各台机器此时的完工时间之差 ≤ 1.

若 $x \neq y$，则 B_{jy} 的开工时间 $S_{jy} > t_2$，因

$$S_{jy} = S_i - 1 > S_{ix} - 1 \geq t_2$$

这样机器 M_y 上，批 B_{jy} 和批 B_i 均是在 t_2 之后开工的批. 若其余 $m - 2$ 台机器中有一台机器在 $> t_2$ 之后没有批开工，则此时该机器的完工时间 $\leq t_2 + 1$，而机器 M_y 的完工时间 $> t_2 + 2$，矛盾.

若 $x = y$，则不难看出批 $B_{j1}, B_{j2}, \cdots, B_{jm}$ 均为在 $> t_2$ 处开工的批. 断言 1 证明完毕.

断言 2　所有在 $> t_2$ 处开工的批中的工件均在 $\geq t_2$ 处到达.

事实上，若批 B 是非满批，由算法特点知，在 $> t_2$ 处开工的批中的工件在 $> t_2$ 处到达.

若批 B 是满批,因 B 之前有空闲区间 (t_1, t_2),又由 (t_1, t_2) 的选取可知,$r_{max}(B) = t_2$,从而在 $> t_2$ 处开工的批中的工件均在 $\geq t_2$ 处到达. 断言 2 证毕.

下面接着证明最初的论断:$F_{max}(\pi) \geq S_i - r_i$.

情形 a　所有在 $> t_2$ 处开工的批,除 B_i 外均为满批.

假设机器 M_y 上,在 $> t_2$ 处开工的批的数目为 k_i,则其余机器上至少有 $k_i - 1$ 个批在 $> t_2$ 处开工,且均为满批.

若不然,如果某台机器在 $> t_2$ 处开工的批的数目 $\leq k_i - 2$,则该机器的完工时间 $\leq t_2 + 1 + k_i - 2 = t_2 + k_i - 1$,而机器 M_y 的完工时间 $> t_2 + k_i$,完工时间之差大于 1,矛盾.

由算法特点知,所有这些在 $> t_2$ 处开工的工件,除去 B_i 中工件外,均在 $\leq r_i$ 处到达,这样

$$F_{max}(\pi) \geq t_2 + k_i - 1 + 1 - r_i = t_2 + k_i - r_i$$

又因

$$S_i \leq t_2 + 1 + k_i - 1 = t_2 + k_i$$

所以

$$F_{max}(\pi) \geq S_i - r_i$$

情形 b　在 $> t_2$ 处开工的批,除 B_i 外有一个非满批,记最后一个非满批为 B',开工时间为 S'.

情形 $b1$　$B' = B_{jx}$,对某个 $x \in \{1, 2, \cdots, m\}$.

这样,$r_i > S_{jx} \geq S_i - 1$,从而

$$F_{max}(\pi) \geq r_i + 1 - r_i > S_{jx} + 1 - r_i \geq S_i - r_i$$

情形 $b2$　$B' \neq B_{jx}$,对任意的 $x \in \{1, 2, \cdots, m\}$.

此时每台机器上在 $> S'$ 处开工的批的数目 ≥ 1,且在机器 M_y 上,在 $> S'$ 处开工的批的数目至少是 2,并且说要这些批中的工件均在 $> S'$ 处到达.

与前类似,记 M_y 上在 $> S'$ 处开工的批的数目为 k_i,与情形 a 的证明类似,在其余 $m - 1$ 台机器上,在 $> S'$ 处开工的批的数目 $\geq k_i - 1$,且所

有在 $> S'$ 处开工的批除批 B_i 外均为满批，均在 $\leqslant r_i$ 处到达，从而

$$F_{\max}(\pi) > S' + k_i - 1 + 1 - r_i = S' + k_i - r_i$$

又因

$$S_i \leqslant S' + 1 + k_i - 1 = S' + k_i$$

所以有

$$F_{\max}(\pi) \geqslant S_i - r_i$$

至此，情形 2.2 开始提出的论断得证，即若对某个 $x \in \{1, 2, \cdots, m\}$，$S_{jx}$ 之前有机器空闲，则必有 $F_{\max}(\pi) \geqslant S_i - r_i$.

接下来将要证明在情形 2.2 下，有 $F_{\max}(\sigma)/F_{\max}(\pi) \leqslant 1 + \alpha$.

事实上，若 $S_i - r_i \geqslant 1 + \alpha$，则

$$\frac{F_{\max}(\sigma)}{F_{\max}(\pi)} \leqslant \frac{S_i + 1 - r_i}{S_i - r_i} = 1 + \frac{1}{S_i - r_i} \leqslant 1 + \frac{1}{1 + \alpha} = 1 + \alpha$$

下面只需讨论 $S_i - r_i < 1 + \alpha$ 的情形，此时，$F_{\max}(\sigma) < 2 + \alpha$.

若 σ 下所生成的批中，有两个不同批中的关键工件在最优排序 π 下位于同一批中，则与之前证明类似，有 $F_{\max}(\pi) > 1 + \alpha$，从而

$$\frac{F_{\max}(\sigma)}{F_{\max}(\pi)} \leqslant \frac{2 + \alpha}{1 + \alpha} = 1 + \alpha$$

接下来，只需讨论在 $S_i - r_i < 1 + \alpha$ 情形下，σ 中所有批中的关键工件在最优排序 π 下位于不同的批的情形即可。此处仍需分情形讨论.

回忆之前符号的定义：(t_1, t_2) 是最后一个空闲区间，该区间的选取见前面叙述，假定该空闲区间在机器 M_x 上，且批 B 是在该机器上 t_2 处开工的批。机器 M_y 是我们所选取的关键批所在的加工机器，批 B_{j1}，B_{j2}，$\cdots$，B_{jm} 分别是机器 M_1，M_2，$\cdots$，M_m 上在区间 $[S_i - 1, S_i)$ 处开工的批，其中 S_i 是关键批 B_i 的开工时间。r_i 是批 B_i 中关键工件的到达时间。其余批的开工时间及关键工件的到达时间类似定义.

情形 2.2.1　$B = B_{jx}$.

情形 a　B 与关键批 B_i 在同一机器上，即批 B 与批 B_i 相邻.

记 B 中的关键工件为 J_j，到达时间为 r_j.

由算法知，若批 B 为满批，因该批之前有空闲区间，必有

$$r_{\max}(B) = t_2 \leqslant r_j + \alpha$$

这样，批 B_{j1}，B_{j2}，$\cdots$，B_{jm}，B_i 中的工件除去 B 中的工件均在 $\geqslant t_2$ 处到达.

若批 B 为非满批，则必有 $t_2 = r_j + \alpha$，且批 B_{j1}，B_{j2}，$\cdots$，B_{jm}，B_i 中的工件除去 B 中的工件均在 $\geqslant t_2$ 处到达，这样有

$$F_{\max}(\pi) \geqslant r_j + 2 - r_i \geqslant t_2 - \alpha + 2 - r_i = S_i + 1 - r_i - \alpha = F_{\max}(\sigma) - \alpha$$

整理得

$$F_{\max}(\sigma) \leqslant F_{\max}(\pi) + \alpha \leqslant (1 + \alpha) F_{\max}(\pi)$$

情形 b B 与关键批 B_i 不在同一机器上，即 $x \neq y$.

情形 $b1$ B 的开工时间 $S = S_i - 1$.

由 (t_1, t_2) 的选取知，B 是在 t_2 处开工的所有批中最先被考虑到的那个，因批 B_{jy} 也在 t_2 处开工，则 B_{jx} 为满批，$t_2 \leqslant r_j + \alpha$，$t_2 = r_{\max}(B)$，且 B_{j1}，$\cdots$，B_{jx-1}，B_{jx}，$\cdots$，B_{jm}，B_i 中的工件均在 $\geqslant t_2$ 处到达.

从而 J_i 在离线最优排序 π 下最早可能的开工时间为 $r_j + 1$，这样有

$$F_{\max}(\pi) \geqslant r_j + 2 - r_i \geqslant t_2 - \alpha + 2 - r_i = S_i + 1 - r_i - \alpha = F_{\max}(\sigma) - \alpha$$

整理得

$$F_{\max}(\sigma) \leqslant F_{\max}(\pi) + \alpha \leqslant (1 + \alpha) F_{\max}(\pi)$$

情形 $b2$ B 的开工时间 $S > S_i - 1$.

假设 σ 下，机器 M_y 上，在批 B_{jy} 之前连续不间断加工的批为 B_{i1}，$\cdots$，B_{ik}，其中 $k \geqslant 0$，若 $k \geqslant 1$ 则 $S_{i1} \leqslant r_{i1} + \alpha$，其中 r_{i1} 是批 B_{i1} 中关键工件的到达时间. 原因如下：若批 B_{i1} 之前有空闲，则 $S_{i1} \leqslant r_{i1} + \alpha$，若批 B_{i1} 之前没有空闲，则有 $S_{i1} = 0$. 若 $k = 0$，则批 B_{jy} 的开工时间有上述类似的性质.

在给出下面叙述之前，回忆之前的处于同一纵列的批的定义，即批标号为 $im + 1$，$im + 2$，$\cdots$，$im + m$ 的批.

若 $x < y$，$k \geqslant 2$，机器 M_1，$\cdots$，M_x 上分别与批 B_{i1} 处于同一纵列的批不会与 B_{i1} 的开工时间相同；否则，假设 M_l，$1 \leqslant l \leqslant x$，是这样一台机器，$M_l$ 上与 B_{i1} 处于同一纵列的批也在 S_{i1} 处开工，则由机器 M_y 上批 B_{i1}，$\cdots$，B_{ik}，B_{jy}，B_i 的放置顺序及算法的放批规则知，机器 M_l，M_{l+1}，$\cdots$，M_x 上

必分别有从 S_{i1} 处开始连续放置的 $k+2$ 个批. 这样, M_x 上有批在 S_{jy} 处开工, 这是不可能的, 因 $S_i - 1 < t_2 < S_i$.

机器 M_1, $\cdots$, M_x 上分别与 B_{i2} 处于同一纵列的批的开工时间 $\geqslant S_{i1}$, 且这些批中的工件均在 $\geqslant S_{i1}$ 处到达.

机器 M_x, $\cdots$, M_{y-1} 上, 与 B_{i1} 处于同一纵列的批不会与 B_{i1} 在同一时刻开工; 否则, 这些机器上会有与 B_i 处于同一纵列的批在 S_i 处开工, 这与 B_i 的选取矛盾, 且这些与 B_{i2} 处于同一纵列的批的开工时间 $\geqslant S_{i1}$.

机器 M_{y+1}, $\cdots$, M_m 分别与 B_{i1}, $\cdots$, B_{ik}, B_{jy} 处于同一纵列的批存在, 且与 B_{jy} 处于同一纵列的批的开工时间 $< S_i$; 否则, 若有某个与 B_{jy} 处于同一纵列的批 B^* 的开工时间 $\geqslant S_i$, 则 $> S_i$ 是不可能的. 因 B^* 比 B_i 先被考虑, 开工时间不会比 S_i 大. 这样只能 $= S_i$, 但这又与关键批 B_i 的选择矛盾.

接下来, 考虑机器 M_1, $\cdots$, M_x 上与批 B_{i2}, $\cdots$, B_{ik}, B_{jy}, B_i 处于同一纵列的批, 这些批中的工件均在 $\geqslant S_{i1}$ 处到达; 接着考虑机器 M_{x+1}, $\cdots$, M_{y-1} 上分别与批 B_{i1}, $\cdots$, B_{ik}, B_{jy}, B_i 处于同一纵列的批, 最后考虑机器 M_{y+1}, $\cdots$, M_m 上分别与批 B_{i1}, $\cdots$, B_{ik}, B_{jy} 处于同一纵列的批, 这些批中的工件当然也在 $\geqslant S_{i1}$ 处到达. 至此, 我们将要考虑 $(k+1)(m-1) + k + 2 = (k+1)m + 1$ 个批, 这些批中的工件除去 B_{i1} 中的工件外, 均在 $\geqslant S_{i1}$ 处到达.

因之前已假定所有批中的关键工件在最优排序 π 下处于不同的批中, 这样便有

$$
\begin{aligned}
F_{\max}(\pi) &\geqslant r_{i1} + 1 + k + 1 - r_i \\
&\geqslant S_{i1} - \alpha + k + 2 - r_i \\
&= S_i + 1 - r_i - \alpha \\
&= F_{\max}(\sigma) - \alpha
\end{aligned}
$$

整理得

$$
F_{\max}(\sigma) \leqslant (1 + \alpha) F_{\max}(\pi)
$$

对于 $k = 0$ 或 $k = 1$ 的情形类似可证.

若 $x > y$, 则与上述分析完全类似, 机器 M_1, $\cdots$, M_{y-1} 上加工的批与

批 B_{i1}，…，B_{ik}，B_{jy}，B_i 处于同一纵列的批不会与批 B_{i1}，…，B_{ik}，B_{jy}，B_i 在同一时刻开工，只需考虑与批 B_{i2}，…，B_{ik}，B_{jy}，B_i 处于同一纵列的批即可，它们中的工件均在 $\geqslant S_{i1}$ 处到达，机器 M_{y+1}，…，M_m 上，与批 B_{i1}，…，B_{ik}，B_{jy} 处于同一纵列的批也均在 $\geqslant S_{i1}$ 处到达，与前类似，得

$$
\begin{aligned}
F_{\max}(\pi) &\geqslant r_{i1} + 1 + k + 1 - r_i \\
&\geqslant S_{i1} - \alpha + k + 2 - r_i \\
&= S_i + 1 - r_i - \alpha \\
&= F_{\max}(\sigma) - \alpha
\end{aligned}
$$

整理得

$$
F_{\max}(\sigma) \leqslant (1 + \alpha) F_{\max}(\pi)
$$

情形 2.2.2　$B \neq B_{jx}$.

情形 a　B 与 B_i 在同一机器上.

假设机器 M_y 上 B 之后开工的批的个数为 k_i. 其余机器若有在 t_2 处开工的批，不妨设为 B'，则由算法特点知必有 B 为满批，B' 也为满批，且 B' 中的工件均在 t_2 处到达，又因 t_2 之后没有机器空闲，且机器的完工时间差不超过 1，所以该机器在 $> t_2$ 处开工的批的数目恰为 k_i 个. 若其余机器不在 t_2 处开批，则必定在 $(t_2, t_2 + 1)$ 之间开工一批，这样经简单推导知在 $> t_2$ 处开工的批的数目也有 k_i 个，且所有这些批中的工件均在 $> t_2$ 处到达，这样我们有

$$
F_{\max}(\pi) \geqslant r_j + 1 + k_i - r_i
$$

其中 r_j 为批 B 中关键工件的到达时间，且有 $t_2 \leqslant r_j + \alpha$.

这样便有

$$
F_{\max}(\pi) \geqslant t_2 - \alpha + k_i + 1 - r_i = S_i + 1 - r_i - \alpha = F_{\max}(\sigma) - \alpha
$$

整理得

$$
F_{\max}(\sigma) \leqslant (1 + \alpha) F_{\max}(\pi)
$$

情形 b　B 与 B_i 在同一机器上.

情形 $b1$　$S_i - t_2$ 为整数.

设机器 M_y 上，在 $> t_2$ 处开的批的数目为 k_i. 与情形 a 的分析类似，除

去机器 M_x, M_y 之外, 剩余机器在 $\geq t_2$ 处开的批的数目恰为 k_i 个, 且这些批中的工件均在 $\geq t_2$ 处到达, 简单计算后, 共有 $k_i + 1 + k_i - 1 + k_i(m - 2) = k_i m$ 个批中的工件在 $\geq t_2$ 处到达, 从而

$$
\begin{aligned}
F_{\max}(\pi) &\geq r_j + 1 + k_i - r_i \\
&\geq t_2 - \alpha + k_i + 1 - r_i \\
&= S_i + 1 - r_i - \alpha = F_{\max}(\sigma) - \alpha
\end{aligned}
$$

整理得

$$
F_{\max}(\sigma) \leq (1 + \alpha) F_{\max}(\pi)
$$

情形 $b2$ $S_i - t_2$ 为分数.

假设机器 M_y 上 $> t_2$ 处开工的批的数目为 k_i, 从 $< t_2$ 处开始, 从后往前连续开工的批为 B_{i1}, $\cdots$, B_{ik}, 不难看出, $k \geq 1$, 且 $S_{i1} \leq r_{i1} + \alpha$.

若 $x < y$, 机器 M_1, $\cdots$, M_x 上加工的批分别与批 B_{i1}, $\cdots$, B_{ik} 处于同一纵列的批不会与批 B_{i1}, $\cdots$, B_{ik} 的开工时间相同; 否则, 必有批在机器 M_x 上的 S_{ik} 处开工, 这是不可能的, 因 $S_{ik} < t_2 < S_{ik} + 1$. 考虑与批 B_{i2}, $\cdots$, B_{ik} 以及 t_2 之后的 k_i 个批分别处于同一纵列的批即可; 机器 M_{x+1}, $\cdots$, M_{y-1} 上也没有分别与 B_{i1}, $\cdots$, B_{ik} 以及 t_2 之后的 k_i 个批分别处于同一纵列的批的开工时间相同的批; 否则, 必有批在 S_i 处开工, 这与 B_i 的选取矛盾, 仅需考虑分别与 B_{i2}, $\cdots$, B_{ik} 及之后的 k_i 个批处于同一纵列的批即可. 最后, 考虑机器 M_{y+1}, $\cdots$, M_m 上分别与 B_{i1}, $\cdots$, B_{ik} 及其后面的 $k_i - 1$ 个批即可, 此时所被考虑进来的批中的工件均在 $\geq S_{i1}$ 处到达. 这样

$$
\begin{aligned}
F_{\max}(\pi) &\geq r_{i1} + 1 + k + k_i - 1 - r_i \\
&\geq S_{i1} - \alpha + k + k_i - r_i \\
&= S_i + 1 - r_i - \alpha \\
&= F_{\max}(\sigma) - \alpha
\end{aligned}
$$

整理得

$$
F_{\max}(\sigma) \leq (1 + \alpha) F_{\max}(\pi)
$$

若 $x > y$, 则与前面分析类似, 在机器 M_1, $\cdots$, M_{y-1} 上考虑与批 B_{i2}, $\cdots$, B_{ik} 及之后的 k_i 个批处于同一纵列的批; 在机器 M_{y+1}, $\cdots$, M_m 上, 考虑与

批 B_{i1}，$\cdots$，B_{ik} 及之后的 $k_i - 1$ 个批处于同一纵列的批，所有被考虑进来的批中的工件均在 $\geq S_{i1}$ 处到达，且因之前假设，σ 下，每个批中的关键工件在最优排序 π 下位于不同的批中. 从而

$$
\begin{aligned}
F_{\max}(\pi) &\geq r_{i1} + 1 + k + k_i - 1 - r_i \\
&\geq S_{i1} - \alpha + k + k_i - r_i \\
&= S_i + 1 - r_i - \alpha \\
&= F_{\max}(\sigma) - \alpha
\end{aligned}
$$

整理得

$$
F_{\max}(\sigma) \leq (1 + \alpha) F_{\max}(\pi)
$$

通过对上面所有情形的分析，我们得出了定理 2.2.14.

定理 2.2.14 对于排序问题 $P_m \mid \text{online}, \, p - \text{batch}, \, b < \infty, \, p_j = p \mid F_{\max}$，算法 H_3 的竞争比为 $1 + \alpha$，并且为最好可能的在线算法.

2.2.4 排序问题 $P_m \mid \text{online}, \, p - \text{batch}, \, b < \infty, \, p_j = p, \, r_1, \, r_2 \mid F_{\max}$

在本节，讨论一个比较容易的模型，平行机在线分批排序，所有工件只有两个到达时间，且所有工件加工长度相等，即

$$
P_m \mid \text{online}, \, p - \text{batch}, \, b < \infty, \, p_j = p, \, r_1, \, r_2 \mid F_{\max}
$$

这一模型相比前一节讨论的模型要简单得多，给出的已知条件也多，那么关于该问题的竞争比就要比 $1 + \alpha$ 小. 同样，我们先给出关于该问题的一个竞争比的下界，再设计算法，证明两者吻合，从而我们所设计的算法是最好可能的在线算法.

为寻求该问题的一个竞争比的下界，我们仍然采用对手法来证明.

令 $\gamma = \dfrac{1}{2}$.

定理 2.2.15 对于排序问题 $P_m \mid \text{online}, \, p\text{-batch}, \, b < \infty, \, p_j = p, \, r_1, \, r_2 \mid F_{\max}$，任何在线算法 A 的竞争比不会小于 $3/2$.

证明：假设在 0 时刻只有一个工件 J_1 到达，$p_1 = 1$. 对于任何在线算法 A，假设算法在 S 时刻加工 J_1.

若 $S \geq \gamma$，则在 $S + 1$ 处有一个工件到达. 此时，$F_{\max}(\sigma) \geq 1 + \gamma$，而

$$F_{\max}(\pi) = 1,$$

显然，$F_{\max}(\sigma) \geqslant (1 + \gamma) F_{\max}(\pi)$.

若 $S < \gamma$，则在 $S + \varepsilon$ 处，有 $(2m - 1)b + 1$ 个加工长度为 1 的工件到达. 此时，最好可能的排列为 $S + \varepsilon$ 处在剩余的 $m - 1$ 台机器上加工 $(m - 1)b$ 个工件，在 $S + 1$ 处加工 b 个工件，在 $S + \varepsilon + 1$ 处加工 $(m - 1)b$ 个工件，在 $S + 2$ 处加工 1 个工件. 从而有

$$F_{\max}(\pi) \geqslant \max\{S + 1, \ S + 3 - (S + \varepsilon)\} = 3 - \varepsilon$$

接下来给出该实例的可行排序.

从 $S + \varepsilon$ 时刻开始将第一个到达的工件与在 $S + \varepsilon$ 到达的工件形成 $2m$ 个批顺次在机器上加工，并且含工件 J_1 的批在 $S + \varepsilon$ 处加工. 这样

$$F_{\max}(\pi) \leqslant \max\{S + \varepsilon + 1, \ 2\} = 2$$

从而

$$\frac{F_{\max}(\sigma)}{F_{\max}(\pi)} \geqslant \frac{3 - \varepsilon}{2} \to \frac{3}{2}$$

定理得证.

接下来，我们要给出该问题的一个在线算法. 不妨设 $p = 1$.

因工件至多只有两个到达时间，不妨假设 $r_1 = 0$. 我们将第一批到达的工件集记为 L_1，将第二批到达的工件集记为 L_2. L_1 中工件形成 k 个批，至多有一个非满批，因关于该问题的最优离线排序仍然满足"先到先加工"的条件，在加工工件时，我们首先要加工这 k 个批中的满批，其次要考虑非满批与第二批到达的工件，具体的操作见算法 H_4.

算法 H_4：

情形 1　L_1 中工件形成 k 个满批，则从 0 时刻开始加工这 k 个批，每次总是在最早出现空闲且机器标号最小的机器上安排未排批.（我们称该放批规则为 ∗ 规则）. 当第一批工件全部完工时，设机器的最早完工时间为 c，则在 $t = \max\{c, r_2\}$ 处将 L_2 中的工件按照 FBLPT 规则形成批按照上述放批规则加工.

情形 2　L_1 中工件形成的 k 个批中有一个非满批，不妨设为 B_k，则先按照上述放批规则先加工前 $k - 1$ 个满批，加工完成后，设机器的最早完工

时间为 c（c 可能为 0）.

情形 2.1　$r_2 \le c$. 则从 c 时刻开始将 B_k 中的工件与 L_2 中的工件按照 FBLPT 规则形成批后，再按照 $*$ 规则加工这些工件，并保证包含 B_k 中工件的批最先加工.

情形 2.2　$r_2 > c$.

情形 2.2.1　$r_2 \le c + \gamma$，则从 r_2 时刻开始将 B_k 中的工件与 L_2 中的工件按照 FBLPT 规则形成批后，再按照 $*$ 规则加工这些工件，并保证包含 B_k 中工件的批最先加工.

情形 2.2.2　$r_2 > c + \gamma$. 在 $c + \gamma$ 处空闲且机器标号最小的机器上加工 B_k.

接下来安排 L_2 中的工件.

a：L_1 中前 $k-1$ 个满批完工时，所有机器的完工时间为 c. 此时从 r_2 时刻开始将 L_2 中工件按照 $*$ 规则加工.

b：L_1 中前 $k-1$ 个满批完工时，仅有一台机器的完工时间为 c，其余均为 $c + 1$，则从时刻 $t = \max\{c + 1, r_2\}$ 开始将 L_2 中工件按照 $*$ 规则加工.

c：L_1 中前 $k-1$ 个满批完工时，有 x 个机器的完工时间为 $c + 1$，其中 $1 \le x \le m-1$，其余机器的完工时间为 c，则从 $t = r_2$ 开始将 L_2 中工件按照 $*$ 规则加工.

竞争比分析：

显然对于情形 1 及情形 2.1，算法给出的结果是最优的. 接下来只需讨论情形 2.2 的两种情形即可.

假设 L_2 中工件按照 FBLPT 规则形成了 l 个批.

定理 2.2.16　对于算法的情形 2.2.1，算法 H_4 的竞争比为 $1 + \gamma$.

证明：分情形讨论.

情形 1　L_1 中前 $k-1$ 个满批完工时，所有机器的完工时间为 c.

情形 1.1　$l \le m-1$，则 $F_{\max}(\sigma) = r_2 + 1 \le c + r + 1$，而 $F_{\max}(\pi) \ge c + 1$，则

$$F_{\max}(\sigma) \le F_{\max}(\pi) + \gamma \le (1 + \gamma) F_{\max}(\pi)$$

情形 1.2　$l \ge m$.

情形 1.2.1 L_2 中的 l 个批均为满批或 l 个批中的非满批中工件个数与 B_k 中工件个数之和 $> b$，则此时 B_k 中工件与 L_2 中工件形成 l 个满批和一个非满批. 为简单起见，我们将 B_k 中工件单独形成一批在 r_2 处开工，不影响目标值.

设 $l = pm + q$，其中 $p \geq 1$，$0 \leq q \leq m - 1$.

$q = 0$，则

$$F_{\max}(\sigma) = \max\{r_2 + 1,\ p + 1\} \leq \max\{c + \gamma + 1,\ p + 1\}$$

而 $F_{\max}(\pi) \geq \max\{c + 1,\ p\}$.

若 $F_{\max}(\sigma) \leq c + \gamma + 1$，则 $F_{\max}(\sigma) \leq F_{\max}(\pi) + \gamma \leq (1 + \gamma)F_{\max}(\pi)$.

若 $F_{\max}(\sigma) \leq p + 1$，则 $p \geq c + \gamma$，因 p 为整数，则有 $p \geq c + 1$，从而

$$\frac{F_{\max}(\sigma)}{F_{\max}(\pi)} \leq \frac{p + 1}{p} \leq 1 + \frac{1}{c + 1}$$

若 $c \geq 1$，则 $\dfrac{F_{\max}(\sigma)}{F_{\max}(\pi)} \leq 1 + \dfrac{1}{2} = 1 + \gamma$.

若 $c = 0$，则有 $r_2 \leq \gamma$，且 $F_{\max}(\pi) = p + 1 - r_2 \geq p + 1 - \lambda$，这样有

$$\frac{F_{\max}(\sigma)}{F_{\max}(\pi)} \leq \frac{p + 1}{p + 1 - \gamma} = 1 + \frac{\gamma}{p + 1 - \gamma} \leq 1 + \frac{\gamma}{2 - \gamma} < 1 + \gamma$$

$q \geq 1$，则

$$F_{\max}(\sigma) = \max\{r_2 + 1,\ p + 1\} \leq \max\{c + \gamma + 1,\ p + 1\}$$

而 $F_{\max}(\pi) \geq \max\{c + 1,\ p + 1\}$，显然有

$$\frac{F_{\max}(\sigma)}{F_{\max}(\pi)} \leq 1 + \gamma$$

情形 1.2.2 L_2 中形成了一个非满批，且该非满批中工件的个数与 B_k 中工件的个数之和 $\leq b$，则此时 B_k 中工件与 L_2 中工件形成了 l 个批，其中至多有一个非满批. 我们将 B_k 中工件与 L_2 中非满批中的工件形成一批在 r_2 处开工，不影响目标值.

若 $l - 1 \leq m - 1$，则 $F_{\max}(\sigma) = r_2 + 1 \leq c + \gamma + 1 \leq F_{\max}(\pi) + \gamma \leq (1 + \gamma)$ $F_{\max}(\pi)$.

若 $l-1 \geq m$，设 $l-1 = pm + q$，其中 $p \geq 1$，$0 \leq q \leq m-1$. 则

$$F_{max}(\sigma) = \max\{r_2 + 1, \ p + 1\} \leq \max\{c + \gamma + 1, \ p + 1\}$$

而 $F_{max}(\pi) \geq \max\{c + 1, \ p + 1\}$，显然有

$$\frac{F_{max}(\sigma)}{F_{max}(\pi)} \leq 1 + \gamma$$

情形 2　L_1 中前 $k-1$ 个满批完工时，仅有一台机器的完工时间为 c，其余为 $c+1$.

情形 2.1　$l = 1$.

情形 2.1.1　L_2 中工件个数与 B_k 中工件的个数之和 $\leq b$，则

$$F_{max}(\sigma) = r_2 + 1 \leq c + \gamma + 1 \leq F_{max}(\pi) + \gamma \leq (1 + \gamma) F_{max}(\pi)$$

情形 2.1.2　L_2 中工件个数与 B_k 中工件的个数之和 $> b$，则

$$F_{max}(\sigma) = \max\{r_2 + 1, \ c + 2 - r_2\} \leq \max\{c + \gamma + 1, \ c + 2 - r_2\}$$

而 $F_{max}(\pi) = \max\{c + 1, \ c + 2 - r_2\}$，显然

$$F_{max}(\sigma) \leq F_{max}(\pi) + \gamma \leq (1 + \gamma) F_{max}(\pi)$$

情形 2.2　$l \geq 2$.

情形 2.2.1　L_2 中的 l 个批均为满批或 l 个批中的非满批中工件个数与 B_k 中工件个数之和 $> b$.

若 $2 \leq l \leq m-1$，则 $F_{max}(\sigma) = \max\{r_2 + 1, \ c + 2 - r_2\} \leq \max\{c + \gamma + 1, \ c + 2 - r_2\}$，而 $F_{max}(\pi) = \max\{c + 1, \ c + 2 - r_2\}$，显然

$$F_{max}(\sigma) \leq F_{max}(\pi) + \gamma \leq (1 + \gamma) F_{max}(\pi)$$

若 $l \geq m$，令 $l = pm + q$，其中 $p \geq 1$，$0 \leq q \leq m-1$.

若 $q = 0$，则

$$F_{max}(\sigma) = \max\{c + 1, \ c + 1 + p - r_2\} \leq \max\{c + \gamma + 1, \ c + 2 + p - r_2\}$$

而 $F_{max}(\pi) = \max\{c + 1, \ c + 1 + p - r_2\} \geq \max\{c + 1, \ p + 1 - \gamma\}$，从而

$$F_{max}(\sigma) \leq F_{max}(\pi) + \gamma \leq (1 + \gamma) F_{max}(\pi)$$

若 $q \geq 1$，则

$$F_{max}(\sigma) = \max\{r_2 + 1, \ c + 1 + p - r_2\} \leq \max\{c + \gamma + 1, \ c + 2 + p - r_2\}$$

而 $F_{max}(\pi) = \max\{c + 1, \ c + 1 + p + 1 - r_2\}$，从而

$$F_{\max}(\sigma) \leqslant F_{\max}(\pi) + \gamma \leqslant (1 + \gamma) F_{\max}(\pi)$$

情形 2.2.2 L_2 中形成了一个非满批，且该非满批中工件的个数与 B_k 中工件的个数之和 $\leqslant b$.

若 $l - 1 \leqslant m - 1$，则

$$F_{\max}(\sigma) = \max\{r_2 + 1, c + 2 - r_2\} \leqslant \max\{c + \gamma + 1, c + 2 - r_2\}$$

而 $F_{\max}(\pi) \geqslant \max\{c + 1, c + 2 - r_2\}$，此时有

$$F_{\max}(\sigma) \leqslant (1 + \gamma) F_{\max}(\pi)$$

若 $l - 1 \geqslant m$，设 $l - 1 = pm + q$，其中 $p \geqslant 1, 0 \leqslant q \leqslant m - 1$.

若 $q = 0$，则

$$F_{\max}(\sigma) = \max\{r_2 + 1, 1 + p\} \leqslant \max\{c + \gamma + 1, 1 + p\}$$

而 $F_{\max}(\pi) \geqslant \max\{c + 1, p + 1\}$，从而

$$F_{\max}(\sigma) \leqslant (1 + \gamma) F_{\max}(\pi)$$

若 $q \geqslant 1$，则

$$F_{\max}(\sigma) = \max\{r_2 + 1, c + 1 + p + 1 - r_2\} \leqslant \max\{c + \gamma + 1, c + 2 + p - r_2\}$$

而 $F_{\max}(\pi) \geqslant \max\{c + 1, c + 1 + p + 1 - r_2\}$（此下界是将 L_2 中形成的非满批中的工件舍弃所得），从而有

$$F_{\max}(\sigma) \leqslant (1 + \gamma) F_{\max}(\pi)$$

情形 3 L_1 中前 $k - 1$ 个满批完工时，有 x 个机器的完工时间为 $c + 1$，其中 $1 \leqslant x \leqslant m - 2$，其余机器的完工时间为 c.

情形 3.1 $1 \leqslant l \leqslant m - (x + 1)$，则

$$F_{\max}(\sigma) = r_2 + 1 \leqslant c + \gamma + 1 \leqslant F_{\max}(\pi) + \gamma \leqslant (1 + \gamma) F_{\max}(\pi)$$

情形 3.2 $l \geqslant m - x$

情形 3.2.1 L_2 中的 l 个批均为满批或 l 个批中的非满批中工件个数与 B_k 中工件个数之和 $> b$，则此时 B_k 中工件与 L_2 中工件形成 l 个满批和一个非满批. 为简单起见，我们将 B_k 中工件单独形成一批在机器 M_{x+1} 的 r_2 处开工，不影响目标值.

若 $m - x \leqslant l \leqslant m - 1$，则

$$F_{\max}(\sigma) = \max\{r_2 + 1, c + 2 - r_2\} \leqslant \max\{c + \gamma + 1, c + 2 - r_2\}$$

而 $F_{\max}(\pi) \geqslant \max\{c+1, c+2-r_2\}$, 从而有

$$F_{\max}(\sigma) \leqslant (1+\gamma)F_{\max}(\pi)$$

若 $l \geqslant m$, 令 $l = pm + q$, 其中 $p \geqslant 1$, $0 \leqslant q \leqslant m-1$.

若 $q = 0$, 则

$$F_{\max}(\sigma) = \max\{r_2+1, 1+p\} \leqslant \max\{c+\gamma+1, 1+p\}$$

而 $F_{\max}(\pi) \geqslant \max\{c+1, c+1+p-r_2\} \geqslant \max\{c+1, p+1-\gamma\}$, 从而有

$$F_{\max}(\sigma) \leqslant (1+\gamma)F_{\max}(\pi)$$

若 $1 \leqslant q \leqslant m-(x+1)$, 则

$$F_{\max}(\sigma) = \max\{r_2+1, 1+p\} \leqslant \max\{c+\gamma+1, 1+p\}$$

而 $F_{\max}(\pi) \geqslant \max\{c+1, 1+p\}$, 从而有

$$F_{\max}(\sigma) \leqslant (1+\gamma)F_{\max}(\pi)$$

若 $m-x \leqslant q \leqslant m-1$, 则

$$F_{\max}(\sigma) = \max\{r_2+1, c+1+p+1-r_2\} \leqslant \max\{c+\gamma+1, c+2+p-r_2\}$$

而 $F_{\max}(\pi) \geqslant \max\{c+1, c+1+p+1-r_2\}$, 从而有

$$F_{\max}(\sigma) \leqslant (1+\gamma)F_{\max}(\pi)$$

情形 3.2.2 L_2 中形成了一个非满批, 且该非满批中工件的个数与 B_k 中工件的个数之和 $\leqslant b$.

若 $l \leqslant m-x$, 则

$$F_{\max}(\sigma) = r_2+1 \leqslant c+\lambda+1 \leqslant (1+\gamma)F_{\max}(\pi)$$

若 $m-x \leqslant l-1 \leqslant m-1$, 则

$$F_{\max}(\sigma) = \max\{r_2+1, c+2-r_2\} \leqslant \max\{c+\gamma+1, c+2-r_2\}$$

而 $F_{\max}(\pi) \geqslant \max\{c+1, c+2-r_2\}$, 从而有

$$F_{\max}(\sigma) \leqslant (1+\gamma)F_{\max}(\pi)$$

若 $l-1 \geqslant m$, 设 $l-1 = pm+q$, 其中 $p \geqslant 1$, $0 \leqslant q \leqslant m-1$.

若 $0 \leqslant q \leqslant m-(x+1)$, 则

$$F_{\max}(\sigma) = \max\{r_2+1, 1+p\} \leqslant \max\{c+\gamma+1, 1+p\}$$

而 $F_{\max}(\pi) \geqslant \max\{c+1, 1+p\}$, 从而有

$$F_{\max}(\sigma) \leqslant (1+\gamma)F_{\max}(\pi)$$

若 $m - x \leqslant q \leqslant m - 1$，则

$$F_{\max}(\sigma) = \max\{r_2 + 1,\ c + 1 + p + 1 - r_2\} \leqslant \max\{c + \gamma + 1,\ c + 2 + p - r_2\}$$

而 $F_{\max}(\pi) \geqslant \max\{c + 1,\ c + 1 + p + 1 - r_2\}$，从而有

$$F_{\max}(\sigma) \leqslant (1 + \gamma) F_{\max}(\pi)$$

定理证毕.

定理 2.2.17 对于算法情形 2.2.2，算法 H_4 的竞争比为 $1 + \gamma$.

证明：我们分情形讨论.

情形 1 L_1 中前 $k - 1$ 个满批完工时，所有机器的完工时间为 c.

若 $r_2 \geqslant c + \gamma + 1$，设 L_2 中所有工件完工时，最大的目标值为 c'，则有

$$F_{\max}(\sigma) = \max\{c + \gamma + 1,\ c'\},\quad F_{\max}(\pi) = \max\{c + 1,\ c'\}$$

显然有

$$F_{\max}(\sigma) \leqslant (1 + \gamma) F_{\max}(\pi)$$

若 $c + \gamma \leqslant r_2 < c + \gamma + 1$，则

当 $l \leqslant m - 1$ 时，$F_{\max}(\sigma) = c + \gamma + 1 \leqslant (1 + \gamma) F_{\max}(\pi)$.

当 $l \geqslant m$，令 $l = pm + q$，其中 $p \geqslant 1,\ 0 \leqslant q \leqslant m - 1$.

若 $q = 0$，则

$$F_{\max}(\sigma) = \max\{c + 1 + \gamma,\ c + 1 + \gamma + p - r_2\} \leqslant \max\{c + \gamma + 1,\ p + 1\}$$

而 $F_{\max}(\pi) \geqslant \max\{c + 1,\ p\}$.

若 $F_{\max}(\sigma) \leqslant c + 1 + \gamma$，则

$$F_{\max}(\sigma) \leqslant (1 + \gamma) F_{\max}(\pi)$$

若 $F_{\max}(\sigma) \leqslant p + 1$，则

$$p \geqslant c + \gamma$$

从而有

$$p \geqslant c + 1$$

若 $p \geqslant 2$，则

$$\frac{F_{\max}(\sigma)}{F_{\max}(\pi)} \leqslant \frac{p + 1}{p} = 1 + \frac{1}{p} \leqslant 1 + \frac{1}{2} = 1 + \gamma$$

若 $p = 1$，且在最优排序 π 下，L_1 中所有工件与 L_2 中工件在同一批加工，则

$$F_{\max}(\pi) \geqslant r_2 + 1 > c + \gamma + 1$$

从而有

$$\frac{F_{\max}(\sigma)}{F_{\max}(\pi)} \leqslant \frac{2}{c + \gamma + 1} \leqslant \frac{2}{1 + \gamma} \leqslant 1 + \gamma$$

若在最优排序 π 下，L_1 中工件不与 L_2 中工件在同一批加工.

若 $r_2 \geqslant c + 1$，则

$$F_{\max}(\pi) = c + 1$$

且

$$\begin{aligned} F_{\max}(\sigma) &= \max\{c + 1 + \gamma,\ c + \gamma + 2 - r_2\} \\ &\leqslant \max\{c + \gamma + 1,\ \gamma + 1\} \\ &\leqslant (1 + \gamma) F_{\max}(\pi) \end{aligned}$$

若 $c + \gamma < r_2 < c + 1$，则

$$F_{\max}(\pi) = \max\{c + 1,\ c + 2 - r_2\}$$

且

$$\begin{aligned} F_{\max}(\sigma) &= \max\{c + 1 + \gamma,\ c + \gamma + 2 - r_2\} \\ &\leqslant F_{\max}(\pi) + \gamma \\ &\leqslant (1 + \gamma) F_{\max}(\pi) \end{aligned}$$

若 $q \geqslant 1$，则

$$F_{\max}(\sigma) = \max\{c + 1 + \gamma,\ p + 1\}$$

而 $F_{\max}(\pi) \geqslant \max\{c + 1,\ p + 1\}$，显然

$$F_{\max}(\sigma) \leqslant (1 + \gamma) F_{\max}(\pi)$$

情形 2　L_1 中前 $k - 1$ 个满批完工时，仅有一台机器的完工时间为 c，其余为 $c + 1$.

情形 2.1　$r_2 \geqslant c + \gamma + 1$，显然有 $F_{\max}(\sigma) \leqslant (1 + \gamma) F_{\max}(\pi)$.

情形 2.2　$c + 1 \leqslant r_2 < c + \gamma + 1$.

当 $l \leqslant m - 1$ 时，则

$$F_{\max}(\sigma) = c + \gamma + 1 \leqslant (1 + \gamma) F_{\max}(\pi)$$

当 $l \geqslant m$，令 $l = pm + q$，其中 $p \geqslant 1$，$0 \leqslant q \leqslant m - 1$.

若 $q = 0$，则

$$F_{\max}(\sigma) = \max\{c + 1 + \gamma, c + 1 + p + 1 - r_2\}$$
$$\leqslant \max\{c + \gamma + 1, p + \gamma\}$$
$$\leqslant (1 + \gamma)F_{\max}(\pi)$$

若 $q \geqslant 1$，则 $F_{\max}(\sigma) = \max\{c + 1 + \gamma, p + 1\}$，而 $F_{\max}(\pi) = \max\{c + 1, p + 1\}$，这样有

$$F_{\max}(\sigma) \leqslant (1 + \gamma)F_{\max}(\pi)$$

情形 2.3　$c + \gamma \leqslant r_2 < c + 1$.

当 $l \leqslant m - 1$ 时，则

$$F_{\max}(\sigma) = \max\{c + 1 + \gamma, c + 2 - r_2\}$$
$$\leqslant \max\{c + \gamma + 1, 2 - \gamma\}$$
$$\leqslant (1 + \gamma)F_{\max}(\pi)$$

当 $l \geqslant m$ 时，令 $l = pm + q$，其中 $p \geqslant 1, 0 \leqslant q \leqslant m - 1$.

若 $q = 0$，则

$$F_{\max}(\sigma) = \max\{c + 1 + \gamma, c + 1 + \gamma + p - r_2\}$$

而 $F_{\max}(\pi) \geqslant \max\{c + 1, p\}$.

当 $F_{\max}(\sigma) = c + 1 + \gamma$ 时，$F_{\max}(\sigma) \leqslant (1 + \gamma)F_{\max}(\pi)$.

当 $F_{\max}(\sigma) = c + 1 + \gamma + p - r_2 < p + 1$ 时，若 $p \geqslant 2$，则

$$\frac{F_{\max}(\sigma)}{F_{\max}(\pi)} \leqslant \frac{p + 1}{p} = 1 + \frac{1}{p} \leqslant 1 + \gamma$$

若 $p = 1$，且在最优排序 π 下，L_1 中有工件与 L_2 中工件在同一批加工，则

$$F_{\max}(\pi) \geqslant r_2 + 1 > c + \gamma + 1$$

从而有

$$\frac{F_{\max}(\sigma)}{F_{\max}(\pi)} \leqslant \frac{2}{c + \gamma + 1} = \frac{2}{1 + \gamma} \leqslant 1 + \gamma$$

若在最优排序 π 下，L_1 中工件不与 L_2 中工件在同一批加工，则 $F_{\max}(\pi) \geqslant c + 2 - r_2$，则

$$\frac{F_{\max}(\sigma)}{F_{\max}(\pi)} \leqslant \frac{c + \gamma + 2 - r_2}{c + 2 - r_2} < 1 + \frac{\gamma}{c + 2 - (c + 1)} = 1 + \gamma$$

若 $q \geq 1$，则
$$F_{\max}(\sigma) = \max\{c + 1 + \gamma, \ c + 1 + \gamma + 1 - r_2\}$$
$$\leq \max\{c + 1 + \gamma, \ p + 1 + \gamma\}$$
而 $F_{\max}(\pi) \geq \max\{c + 1, \ p + 1\}$，从而有
$$F_{\max}(\sigma) \leq (1 + \gamma)F_{\max}(\pi)$$

情形 3　L_1 中前 $k - 1$ 个满批完工时，有 x 个机器的完工时间为 $c + 1$，其中 $1 \leq x \leq m - 2$，其余机器的完工时间为 c.

情形 3.1　$r_2 \geq c + \gamma + 1$，显然有
$$F_{\max}(\sigma) \leq (1 + \gamma)F_{\max}(\pi)$$

情形 3.2　$c + 1 \leq r_2 < c + \gamma + 1$.

当 $l \leq m - 1$，则
$$F_{\max}(\sigma) = c + \gamma + 1 \leq (1 + \gamma)F_{\max}(\pi)$$
当 $l \geq m$ 时，令 $l = pm + q$，其中 $p \geq 1$，$0 \leq q \leq m - 1$.

若 $q = 0$，则
$$F_{\max}(\sigma) = \max\{c + 1 + \gamma, \ c + 1 + \gamma + p - r_2\}$$
$$\leq \max\{c + 1 + \gamma, \ p + \gamma\}$$
$$\leq F_{\max}(\pi) + \gamma \leq (1 + \gamma)F_{\max}(\pi)$$

若 $q \geq 1$，则
$$F_{\max}(\sigma) = \max\{c + 1 + \gamma, \ p + 1\}$$
而 $F_{\max}(\pi) = \max\{c + 1, \ p + 1\}$，从而有
$$F_{\max}(\sigma) \leq (1 + \gamma)F_{\max}(\pi)$$

情形 3.3　若 $c + \gamma \leq r_2 < c + 1$.

若 $1 \leq l \leq m - (x + 1)$，则
$$F_{\max}(\sigma) = c + 1 + \gamma \leq (1 + \gamma)F_{\max}(\pi)$$
若 $m - x \leq l \leq m - 1$，则
$$F_{\max}(\sigma) = \max\{c + 1 + \gamma, \ c + 2 - r_2\}$$
$$\leq \max\{c + 1 + \gamma, \ 2 - \gamma\}$$
$$= \max\{c + 1 + \gamma, \ 1 + \gamma\}$$

$$\leqslant c + \gamma + 1$$
$$\leqslant (1 + \gamma) F_{\max}(\pi)$$

若 $l \geqslant m$ 时，令 $l = pm + q$，其中 $p \geqslant 1$，$0 \leqslant q \leqslant m - 1$.

若 $q = 0$，则 $F_{\max}(\sigma) = \max\{c + 1 + \gamma,\ c + \gamma + p + 1 - r_2\}$，而 $F_{\max}(\pi) \geqslant \max\{c + 1,\ p\}$.

若 $F_{\max}(\sigma) = c + \gamma + 1$，则
$$F_{\max}(\sigma) \leqslant (1 + \gamma) F_{\max}(\pi)$$

若 $F_{\max}(\sigma) = c + \gamma + p + 1 - r_2 < p + 1$，若 $p \geqslant 2$，则
$$\frac{F_{\max}(\sigma)}{F_{\max}(\pi)} \leqslant \frac{p + 1}{p} = 1 + \frac{1}{p} \leqslant 1 + \gamma$$

若 $p = 1$，且在最优排序 π 下，L_1 中有工件与 L_2 中工件在同一批加工，则 $F_{\max}(\pi) \geqslant r_2 + 1 > c + \gamma + 1$，从而有
$$\frac{F_{\max}(\sigma)}{F_{\max}(\pi)} \leqslant \frac{2}{c + \gamma + 1} = \frac{2}{1 + \gamma} \leqslant 1 + \gamma$$

若在最优排序 π 下，L_1 中工件不与 L_2 中工件在同一批加工，则
$$F_{\max}(\pi) \geqslant c + 2 - r_2$$

从而有
$$\frac{F_{\max}(\sigma)}{F_{\max}(\pi)} \leqslant \frac{c + \gamma + 2 - r_2}{c + 2 - r_2} < 1 + \frac{\gamma}{c + 2 - (c + 1)} = 1 + \gamma$$

若 $1 \leqslant q \leqslant m - (x + 1)$，则
$$F_{\max}(\sigma) - \max\{c + 1 + \gamma,\ p + 1\} \leqslant (1 + \gamma) F_{\max}(\pi)$$

若 $m - x \leqslant q \leqslant m - 1$，则
$$F_{\max}(\sigma) = \max\{c + 1 + \gamma,\ c + 2 + p - r_2\}$$
$$\leqslant \max\{c + 1 + \gamma,\ p + 2 - \gamma\}$$
$$= \max\{c + 1 + \gamma,\ p + 1 + \gamma\}$$
$$\leqslant F_{\max}(\pi) + \gamma$$
$$\leqslant (1 + \gamma) F_{\max}(\pi)$$

至此，定理得证.

通过上面的分析，我们得到定理 2.2.18.

定理 2.2.18 对于排序问题 $P_m \mid online,\ p\text{-}batch,\ b<\infty,\ p_j=p,\ r_1,\ r_2 \mid F_{max}$，算法 H_4 的竞争比为 $1 + \gamma = \dfrac{3}{2}$，为最好可能的在线算法.

3 带前瞻的 LK_β 模型

本章讨论带有前瞻的 LK_β 模型，在此模型中，在任意时刻 t，任意在线算法可以预测在时间区间 $(t, t+\beta]$ 内到达的所有工件的信息，其中 $\beta > 0$ 为实数. 本章主要讨论以下三个排序问题：

$$P_m \,|\, \text{online}, \ p - \text{batch}, \ b = \infty, \ p_j = 1, \ LK_\beta \,|\, C_{\max}$$

$$P_m \,|\, \text{online}, \ p - \text{batch}, \ b < \infty, \ p_j = 1, \ LK_\beta \,|\, C_{\max}$$

$$1 \,|\, \text{online}, \ p - \text{batch}, \ b, \ p_j = 1, \ LK_\beta \,|\, \sum E_j$$

上述前两个排序问题在 Li 等（2012）进行了研究，我们对其结果进行展示.

3.1 排序问题 $P_m \,|\, \text{online}, \ p - \text{batch}, \ b = \infty, \ p_j = 1,$ $LK_\beta \,|\, C_{\max}$

本小节针对 β 的不同取值讨论两种情形. 在讨论 $\beta \geqslant \dfrac{1}{m}$ 情形时，笔者给出了一个针对此情形的一个最优在线算法，记为 $H^\infty(\beta \geqslant \dfrac{1}{m})$.

令 $U(t)$ 表示在时刻 t 处已经到达但还未安排加工的工件集，令 $U(t, \beta)$ 表示在时间区间 $(t, t+\beta]$ 内将要到达的工件集. 接下来给出算法 $H^\infty(\beta \geqslant \dfrac{1}{m})$.

算法 $H^\infty(\beta \geqslant \frac{1}{m})$：在任意时刻 t，若有机器空闲且 $U(t) \neq \varnothing$，$U(t, \beta) \neq \varnothing$，则将 $U(t)$ 作为一个批在该空闲机器上加工；否则等待.

定理 3.1.1 若 $\beta \geqslant \frac{1}{m}$，则对于排序问题

$$P_m \,|\, online,\ p - batch,\ b = \infty,\ p_j = 1,\ LK_\beta \,|\, C_{\max}$$

算法 $H^\infty(\beta \geqslant \frac{1}{m})$ 是最优在线算法，即对任意实例有 $C_{on} = C_{opt}$.

证明：令 I 为任意满足条件的工件实例. 令 J^* 为 I 中最晚到达的工件，其到达时间为 r^*，由于 $b = \infty$，批容量无界，所有工件加工长度为 1，最优排序中可将所有工件作为一个单独的批在时刻 r^* 处开工，从而有 $C_{opt} = r^* + 1$. 令 B^* 为由算法生成的最后一个加工的批，则 $J^* \in B^*$，接下来只需要证明批 B^* 的开工时间也为 r^* 即可，采用反证法.

假设批 B^* 的开工时间大于 r^*，由于在 r^* 之后没有工件到达，所有机器在时刻 r^* 处是忙碌的，令批 $B_1, \cdots, B_m$ 为各机器上在时刻 r^* 处正在加工的批，其开工时间分别为 s_i，$1 \leqslant i \leqslant m$，满足 $s_1 \leqslant s_2 \leqslant \cdots \leqslant s_m$. 由算法构造知，对任意的 i，$1 \leqslant i \leqslant m - 1$，在区间 $(s_i,\ s_i + \beta]$ 内没有工件到达且 $s_{i+1} > s_i + \beta$，$r^* > s_m + \beta$. 这样 $r^* > s_1 + m\beta \geqslant s_1 + 1$，这说明在时刻 r^* 处加工批 B_1 的批是空闲的，与前假设矛盾，从而定理成立.

对于 $0 < \beta < \frac{1}{m}$ 的情形，我们接下来依次给出该排序问题的一个下界 $1 + \alpha_m$，其中 α_m 为方程

$$(1 + \alpha)^{m+1} = \alpha + 2 - \beta \sum_{i=1}^{m} (1 + \alpha)^i$$

的正根，且 α_m 是关于参数 β 不增.

定理 3.1.2 若 $0 < \beta < \frac{1}{m}$，则对于排序问题

$$P_m \,|\, online,\ p - batch,\ b = \infty,\ p_j = 1,\ LK_\beta \,|\, C_{\max}$$

任何在线算法的竞争比不会小于 $1 + \alpha_m$.

证明：采用对手法证明，准备 $m + 1$ 个工件 $J_1, J_2, \cdots, J_{m+1}$，设 ε 为

任意小的正数. 在 $r_1 = 0$ 时刻第 1 个工件 J_1 到达. 在 J_1 的开工时刻 t 之前没有任何其他工件在时间区间 $(t, t + \beta]$ 内到达. 假设算法 H 在时刻 t_1 处将 J_1 作为一个单独的批开工.

假设工件 $J_1, \cdots, J_i$, $1 \leq i \leq m$ 已经到达, 且其到达时刻和开工时间分别为 r_j, t_j, $1 \leq j \leq i$, 满足 $r_1 < r_2 < \cdots < r_i$, $t_1 < t_2 < \cdots < t_i$. 若 $t_i + 1 \geq (1 + \alpha_m)(r_i + 1)$, 则对手法不释放下一个工件. 若 $t_i + 1 < (1 + \alpha_m)(r_i + 1)$, 则下一个工件 J_{i+1} 在时刻 $r_{i+1} = t_i + \beta + \varepsilon$ 处到达.

令 J_k 为由对手法释放的最后一个工件. 若 $k \leq m$, 则

$$C_{\mathrm{on}} = t_k + 1 \geq (1 + \alpha_m)(r_k + 1) = (1 + \alpha_m) C_{\mathrm{opt}}$$

即

$$\frac{C_{\mathrm{on}}}{C_{\mathrm{opt}}} \geq 1 + \alpha_m$$

若 $k = m + 1$, 则对于任意的 i, $1 \leq i \leq m$, 有

$$t_i + 1 < (1 + \alpha_m)(r_i + 1)$$

由于 $r_1 = 0$, $r_i = t_{i-1} + \beta + \varepsilon$, 对任意的 i, $2 \leq i \leq m + 1$, 且 ε 为任意小的正数, 上述不等式可以写为

$$\begin{cases} t_1 + 1 < 1 + \alpha_m \\ t_i + 1 - (1 + \alpha_m)(t_{i-1} + 1) \leq \beta(1 + \alpha_m) \\ 2 \leq i \leq m \end{cases}$$

由于一共有 $m + 1$ 个工件而只有 m 台机器, 由鸽笼原理知, 至少有两个工件在同一台机器上加工, 这样有

$$C_{\mathrm{on}} \geq t_1 + 2$$

又由于

$$C_{\mathrm{opt}} = r_{m+1} + 1$$

接下来只需证明

$$t_1 + 2 \geq (1 + \alpha_m)(r_{m+1} + 1)$$

采用反证法证明, 假设 $t_1 + 2 < (1 + \alpha_m)(r_{m+1} + 1)$. 由于 $r_{m+1} = t_m + \beta + \varepsilon$ 且 ε 为任意小的正数, 则有

$$t_1 + 2 \leq (1 + \alpha_m)(t_m + 1) + \beta(1 + \alpha_m)$$

即

$$t_1 + 1 - (1 + \alpha_m)(t_m + 1) \leqslant \beta(1 + \alpha_m) - 1$$

由前面推导进一步可得

$$
\begin{cases}
(1+\alpha_m)^m (t_1+1) - (1+\alpha_m)(t_m+1) < (1+\alpha_m)^{m+1} + \beta(1+\alpha_m) - 2 - \alpha_m \\
(1+\alpha_m)^{m-i+1} (t_i+1) - (1+\alpha_m)^{m-i+2}(t_{i-1}+1) \leqslant \beta(1+\alpha_m)^{m-i+2}, \ 2 \leqslant i \leqslant m
\end{cases}
$$

上述不等式是由于 $t_1 + 1 < 1 + \alpha_m$，$t_1 + 1 - (1 + \alpha_m)(t_m + 1) \leqslant \beta(1 + \alpha_m) - 1$，从而

$$(1 + \alpha_m)^m (t_1 + 1) - (1 + \alpha_m)(t_m + 1)$$

$$= \left[(1 + \alpha_m)^m - 1 \right](t_1 + 1) + (t_1 + 1) - (1 + \alpha_m)(t_m + 1)$$

$$< \left[(1 + \alpha_m)^m - 1 \right](1 + \alpha_m) + \beta(1 + \alpha_m) - 1$$

$$= (1 + \alpha_m)^{m+1} + \beta(1 + \alpha_m) - 2 - \alpha_m$$

将前面 m 个不等式相加可得

$$0 < (1 + \alpha_m)^{m+1} + \beta \sum_{i=1}^{m} (1 + \alpha_m)^i - 2 - \alpha_m$$

这与方程

$$(1 + \alpha)^{m+1} + \beta \sum_{i=1}^{m} (1 + \alpha_m)^i = 2 + \alpha_m$$

矛盾，定理得证.

接下来，给出一个竞争比为 $1 + \alpha_m$ 的在线算法 $H^\infty (\beta < \frac{1}{m})$. 令 $U(t)$ 为时刻 t 处已经到达但还没被加工的工件集合，$r(t)$ 为 $U(t)$ 中最晚工件的到达时间.

算法 $H^\infty (\beta < \frac{1}{m})$：在时刻 t 处，若有机器空闲，且 $U(t) \neq \varnothing$，$t \geq (1 + \alpha_m)[r(t) + 1] - 1$，$U(t, \beta) = \varnothing$，则将 $U(t)$ 作为一个单独的批在该空闲机器上加工；否则等待.

假设批 B_1，B_2，$\cdots$，B_h 为由算法 $H^\infty (\beta < \frac{1}{m})$ 生成的批，其开工时间分别为 t_1，t_2，$\cdots$，t_h 满足 $t_1 < t_2 < \cdots < t_h$. 令工件 J_j 为批 B_j 中最晚到达

的工件.

由算法特点知, 对于任意的 j, $1 \leqslant j \leqslant h$, 有

$$t_j \geqslant (1 + \alpha_m)(r_j + 1) - 1 = (1 + \alpha_m)r_j + \alpha_m$$

且对任意的 j, $2 \leqslant j \leqslant h$, 有

$$r_j > t_{j-1} + \beta$$

若 $t_j = (1 + \alpha_m)r_j + \alpha_m$, 我们称批 B_j 为正则批.

定理 3.1.3 若 $\beta < \dfrac{1}{m}$, 则对于排序问题

$$P_m \,|\, \text{online}, \ p - \text{batch}, \ b = \infty, \ p_j = 1, \ LK_\beta \,|\, C_{\max}$$

算法 $H^\infty (\beta < \dfrac{1}{m})$ 的竞争比为 $1 + \alpha_m$.

证明: 由于 $C_{\text{on}} = t_h + 1$, $C_{\text{opt}} = r_h + 1$, 只需证明由算法生成的最后一个批 B_h 为正则批. 采用反证法, 若 B_h 不是正则批, 令

$$t^* = (1 + \alpha_m)r_h + \alpha_m$$

则 $t_h > t^*$ 且在 t^* 时刻所有机器都是忙碌的, 从而 $h \geqslant m + 1$, 令批 B_{h-m}, B_{h-m+1}, $\cdots$, B_{h-1} 为在此时刻正在加工的批. 由算法构造知

$$t_h = t_{h-m} + 1 > t^*$$

由前面推导, 对任意的 j, $h - m + 1 \leqslant j \leqslant h$ 可得

$$t_j + 1 > (1 + \alpha_m)(t_{j-1} + 1) + \beta(1 + \alpha_m)$$

从而对任意的 j, $0 \leqslant j \leqslant m - 1$, 有

$$(1 + \alpha_m)^j (t_{h-j} + 1) - (1 + \alpha_m)^{j+1}(t_{h-j-1} + 1) > \beta(1 + \alpha_m)^{j+1}$$

将上述 m 个不等式相加, 可得

$$t_h + 1 - (1 + \alpha_m)^m (t_{h-m} + 1) > \beta \sum_{i=1}^{m} (1 + \alpha_m)^i$$

又由于 $t_{h-m} \geqslant t_1 \geqslant \alpha_m$, 可得

$$(t_{h-m} + 1)\left[(1 + \alpha_m)^m - 1\right] \geqslant (1 + \alpha_m)\left[(1 + \alpha_m)^m - 1\right]$$

即

$$(1 + \alpha_m)^m (t_{h-m} + 1) \geqslant (1 + \alpha_m)^{m+1} + t_{h-m} - \alpha_m$$

则

$$t_h > \beta \sum_{i=1}^{m} (1 + \alpha_m)^i - 1 + (1 + \alpha_m)^m (t_{h-m} + 1)$$

$$\geqslant \beta \sum_{i=1}^{m} (1 + \alpha_m)^i - 1 + (1 + \alpha_m)^{m+1} + t_{h-m} - \alpha_m$$

$$= t_{h-m} + 1$$

推出矛盾, 定理得证.

3.2 排序问题 $P_m \mid \text{online}, \ p - \text{batch}, \ b < \infty, \ p_j = 1,$ $LK_\beta \mid C_{\max}$

本小节讨论排序问题

$$P_m \mid \text{online}, \ p - \text{batch}, \ b < \infty, \ p_j = 1, \ LK_\beta \mid C_{\max}$$

批容量有界, 工件加工长度相等, 假设为 1, 前瞻区间长度 β, $0 \leqslant \beta < \infty$.

我们先给出问题的下界.

定理 3.2.1 对于排序问题 $P_m \mid \text{online}, \ p\text{-batch}, \ b<\infty, \ p_j=1, \ LK_\beta \mid C_{\max}$, 当 $0 \leqslant \beta < 1$ 时, 任何在线算法的竞争比不会小于 $1 + \alpha_1$, 其中 $\alpha_1 = \dfrac{\sqrt{\beta^2 - 2\beta + 5} - \beta - 1}{2}$, 满足方程 $\alpha^2 + (\beta + 1)\alpha + \beta - 1 = 0$.

证明: 令 ε 为任意小的正数, H 为任意在线算法. 在时刻 0 处, 第一个工件 J_0 到达. 在工件 J_0 未开工的任何时刻 t, 在时间区间 $(t, t + \beta]$ 处不会有任何工件到达. 假设算法 H 在时刻 S 处将工件 J_0 作为一个单独的批在机器上加工.

若 $S \geqslant \alpha_1$, 则没有任何工件到达, 则 $C_{\text{on}} \geqslant S + 1 \geqslant \alpha_1 + 1 \geqslant (1 + \alpha_1) C_{\text{opt}}$.

若 $S < \alpha_1$, 则在时刻 $S + \beta + \varepsilon$ 处有 $(m - 1)b + 1$ 个工件到达. 此时算法 H 的最早完工时间为 $S + 2$, 即 $C_{\text{on}} \geqslant S + 2$. 接下来给出这些工件的一个可行安排, 在时刻 $S + \beta + \varepsilon$ 处将所有的 $(m - 1)b + 2$ 个工件生成 m 个批分别在机器上加工, 当 $\varepsilon \to 0$ 时, 有 $C_{\text{opt}} = S + \beta + \varepsilon + 1 \to S + \beta + 1$, 由于

$S < \alpha_1$，可得

$$\frac{C_{\mathrm{on}}}{C_{\mathrm{opt}}} \geqslant \frac{S+2}{S+\beta+1} = 1 + \frac{1-\beta}{S+\beta+1} > 1 + \frac{1-\beta}{\alpha_1+\beta+1} 1 + \alpha_1$$

定理得证.

定理 3.2.2　对于排序问题 $P_m | \mathrm{online},\ p - \mathrm{batch},\ b < \infty,\ p_j = 1,$ $LK_\beta | C_{\max}$，当 $0 < \beta < \infty$ 时，任何在线算法的竞争比不会小于 $1 + \alpha_2$，其中

$$\alpha_2 = \frac{\sqrt{\lceil \beta \rceil^2 + 3\lceil \beta \rceil + 3} - \lceil \beta \rceil - 1}{2 + \lceil \beta \rceil}$$

证明：令 ε 为任意小的正数，H 为任意在线算法. 在时刻 0 处，第一个工件 J_0 到达. 假设在时刻 x，$0 < x \leqslant \beta$ 处有 $mb\lceil \beta \rceil - 1$ 个工件到达. 在工件 J_0 未开工的任何时刻 t，在时间区间 $(t,\ t+\beta]$ 处不会有任何工件到达. 假设算法 H 在时刻 S 处将工件 J_0 作为一个单独的批在机器上加工. 接下来分三种情形讨论.

情形 1　$0 \leqslant S < x$，则没有任何其他工件到达. 我们有

$$C_{\mathrm{on}} \geqslant S + 1 + \lceil \beta \rceil, \quad C_{\mathrm{opt}} = x + \lceil \beta \rceil$$

则

$$\frac{C_{\mathrm{on}}}{C_{\mathrm{opt}}} \geqslant \frac{S + \lceil \beta \rceil + 1}{x + \lceil \beta \rceil} \geqslant \frac{1 + \lceil \beta \rceil}{x + \lceil \beta \rceil}$$

情形 2　$S \geqslant x$ 且 $S \geqslant 1$，则没有任何其他工件到达. 我们有

$$C_{\mathrm{on}} \geqslant S + \lceil \beta \rceil \geqslant 1 + \lceil \beta \rceil, \quad C_{\mathrm{opt}} = x + \lceil \beta \rceil$$

则

$$\frac{C_{\mathrm{on}}}{C_{\mathrm{opt}}} \geqslant \frac{1 + \lceil \beta \rceil}{x + \lceil \beta \rceil}$$

情形 3　$S \geqslant x$ 且 $S < 1$. 此时再细分两种情形讨论.

情形 3.1　$S \leqslant \lceil \beta \rceil - \beta$，则有一个新工件在时刻 $S + \beta + \varepsilon$ 处到达. 则

$$C_{\mathrm{on}} \geqslant S + 1 + \lceil \beta \rceil, \quad C_{\mathrm{opt}} = 1 + \lceil \beta \rceil$$

从而有

$$\frac{C_{\mathrm{on}}}{C_{\mathrm{opt}}} \geqslant \frac{S + \lceil \beta \rceil + 1}{1 + \lceil \beta \rceil} \geqslant \frac{x + \lceil \beta \rceil + 1}{1 + \lceil \beta \rceil}$$

情形 3.2 $S > \lceil \beta \rceil - \beta$，则有两个新工件在时刻 $S + \beta + \varepsilon$ 处到达. 则

$$C_{\mathrm{on}} \geqslant S + \lceil \beta \rceil + 2, \quad C_{\mathrm{opt}} \leqslant 2 + \lceil \beta \rceil$$

从而有

$$\frac{C_{\mathrm{on}}}{C_{\mathrm{opt}}} \geqslant \frac{S + \lceil \beta \rceil + 2}{2 + \lceil \beta \rceil} \geqslant \frac{x + \lceil \beta \rceil + 2}{2 + \lceil \beta \rceil}$$

综上，可得

$$\frac{C_{\mathrm{on}}}{C_{\mathrm{opt}}} \geqslant \max \left\{ \frac{1 + \lceil \beta \rceil}{x + \lceil \beta \rceil}, \frac{x + \lceil \beta \rceil + 2}{2 + \lceil \beta \rceil} \right\}$$

上述最大值在 $\dfrac{1 + \lceil \beta \rceil}{x + \lceil \beta \rceil} = \dfrac{x + \lceil \beta \rceil + 2}{2 + \lceil \beta \rceil}$ 时取得，此时

$$x = \sqrt{\lceil \beta \rceil^2 + 3\lceil \beta \rceil + 3} - (\lceil \beta \rceil + 1)$$

从而有

$$\frac{C_{\mathrm{on}}}{C_{\mathrm{opt}}} \geqslant \frac{1 + \lceil \beta \rceil}{x + \lceil \beta \rceil} = 1 + \frac{\sqrt{\lceil \beta \rceil^2 + 3\lceil \beta \rceil + 3} - \lceil \beta \rceil - 1}{2 + \lceil \beta \rceil} = 1 + \alpha_2$$

定理得证.

由定理 3.2.1 和定理 3.2.2 得到了两种情形下排序问题的下界，当 $\alpha_1 = \alpha_2$ 时，$\beta = \dfrac{\sqrt{7} + 1}{6} < 1$，由此可得定理 3.2.3.

定理 3.2.3   对于排序问题 $P_m | \mathrm{online}, \ p - \mathrm{batch}, \ b < \infty, \ p_j = 1,$ $LK_\beta | C_{\max}$，任何在线算法的竞争比不会小于 $1 + \alpha$，其中

$$1 + \alpha = \begin{cases} 1 + \alpha_1, \ 0 < \beta \leqslant \dfrac{\sqrt{7} + 1}{6} \\[3mm] 1 + \alpha_2, \ \dfrac{\sqrt{7} + 1}{6} \leqslant \beta < +\infty \end{cases}$$

接下来给出该排序问题的一个在线算法.

若 $0 \leqslant \beta \leqslant \dfrac{1}{6}$，令 $\alpha^* = \alpha_1$；若 $\beta > \dfrac{1}{6}$，令 $\alpha^* = \dfrac{1}{2}$. α^* 为关于 β 的一个非增函数. 我们将给出一个在线算法，其竞争比至多为 $1 + \alpha^*$，且当 $0 \leqslant \beta \leqslant \dfrac{1}{6}$ 时，该算法是最好可能的在线算法. 可以证明 $\alpha^* \geqslant \dfrac{1}{2}$，等号

成立当且仅当 $\beta = \frac{1}{6}$. 从而可得当 $0 \leqslant \beta < \infty$ 时, $\frac{1-\beta}{1+\alpha^*+\beta} \leqslant \alpha^*$.

在任意时刻 t, 若 $U(t) \cup U(t, \beta) \neq \varnothing$, 则将批 $U(t)$ 中的工件以 "先到先加工" 的原则按照到达时间进行排序. 令 $U^*(t)$ 为最早到达的 $\min\{|U(t)|, mb\}$ 个工件. 记 $u^*(t) = \lceil |U^*(t)|/b \rceil$, 则在任何时刻 t 处, 都有 $u^*(t) \leqslant m$ 成立. 称 $U^*(t)$ 为时刻 t 处的水平. 由于 $U^*(t)$ 可以分成 $u^*(t)$ 个批, 也即 $U^*(t)$ 是由 $u^*(t)$ 个批构成的工件集合. 若 $|U^*(t)| = mb$, 称 $U^*(t)$ 是满的水平. 令 $r(t)$ 表示工件集 $U(t)$ 中最晚到达工件的到达时间.

接下来给出在线算法 $H^b(\alpha^*, \beta)$.

算法 $H^b(\alpha^*, \beta)$: 在时刻 t 处, 若所有的 m 台机器空闲, 且 $U(t) \neq \varnothing$, 则要么 $|U(t)| \geqslant mb$, 要么 $t \geqslant r(t) + \alpha^*$, $U(t, \beta) = \varnothing$, 将 $U^*(t)$ 生成的 $u^*(t)$ 个批在时刻 t 处开工; 否则等待.

由算法构造可得以下 4 个结论:

结论 1 若算法 $H^b(\alpha^*, \beta)$ 中, $U^*(t)$ 中工件在 t 时刻开工, 则在时间区间 $(t, t+1)$ 内没有任何批开工.

结论 2 若 $U^*(t)$ 是满的水平, 且在 t 时刻开工, 则要么 $t = 0$, 要么在所有机器上 t 时刻之前均有空闲区间, 从而 $t = r(t)$.

结论 3 若 $U^*(t)$ 不是满的水平, 且在 t 时刻开工, 则必有 $t \geqslant r(t) + \alpha^*$, $U(t, \beta) = \varnothing$. 进一步, 若所有机器在 t 时刻之前均有空闲区间, 则 $t = r(t) + \alpha^*$.

结论 4 若 J_x, J_y 是两个不同的工件, 到达时间满足 $r_x < r_y$, 则其完工时间满足 $C_x \leqslant C_y$, 即工件加工符合 "先到先加工" 原则.

定理 3.2.4 对于排序问题 $P_m | online, p-batch, b < \infty, p_j = 1, LK_\beta | C_{\max}$, 算法 $H^b(\alpha^*, \beta)$ 的竞争比至多为 $1 + \alpha^*$.

证明: 假设由算法 $H^b(\alpha^*, \beta)$ 生成的最后连续加工的水平分别为 $L_0, L_1, \cdots, L_k$, 其开工时间 t_j, $0 \leqslant j \leqslant k$ 满足 $t_0 < t_1 < \cdots < t_k$. 对于任意的 j, $1 \leqslant j \leqslant k$, 有

$$t_j = t_{j-1} + 1, \quad U^*(t_j) = L_j$$

成立. 进一步讲, 要么 $t_0 = 0$, L_0 是满的水平, 要么 $t_0 > 0$ 且所有机器在 t_0 时刻之前有空闲. L_j 中最晚到达的工件记为 J_j, 其到达时间为 r_j, 则 r_k 为所有工件中最晚的到达时间.

若 $k = 0$, 由结论 2 和结论 3 知, $t_0 \leq r_0 + \alpha^*$, 这样有

$$C_{\mathrm{on}} = t_0 + 1 \leq r_0 + 1 + \alpha^* \leq C_{\mathrm{opt}} + \alpha^* \leq (1 + \alpha^*) C_{\mathrm{opt}}$$

接下来, 假设 $k \geq 1$.

若所有的水平 L_0, L_1, $\cdots$, L_k 是满的, 由结论 2 和结论 4 知 $C_{\mathrm{on}} = C_{\mathrm{opt}}$, 这是由于工件集 $\{J_0\} \cup \{\cup_{1 \leq j \leq k} L_j\}$ 中的所有工件在 t_0 时刻或 t_0 之后到达. 接下来假设, 水平 L_0, L_1, $\cdots$, L_k 中至少有一个是非满的, 令水平 L_l 为最后一个非满的水平.

若 $k > l$, 则水平 L_{l+1}, $\cdots$, L_k 为满的水平, 由结论 3 知, $U(t_l, \beta) = \varnothing$, 则集合 $\cup_{l+1 \leq j \leq k} L_j$ 中工件在时刻 $t_l + \beta \geq t_l$ 之后到达. 可得 $C_{\mathrm{on}} - C_{\mathrm{opt}} \leq 1$. 由于 $C_{\mathrm{opt}} \geq 2$, 则有 $C_{\mathrm{on}} \leq \frac{3}{2} C_{\mathrm{opt}} \leq (1 + \alpha^*) C_{\mathrm{opt}}$, 接下来假设 $k = l$, 也即水平 L_k 为最后一个非满的水平.

若水平 L_{k-1} 也是非满的水平, 则有结论 3 知, $U(t_{k-1}, \beta) = \varnothing$ 且 $t_{k-1} \geq r_{k-1} + \alpha^* \geq \alpha^*$, 进一步有 $r_k > t_{k-1} + \beta \geq \alpha^* + \beta$ 成立, 同时 $C_{\mathrm{on}} = t_{k-1} + 2$ 且

$$C_{\mathrm{opt}} \geq r_k + 1 > t_{k-1} + \beta + 1 \geq 1 + \alpha^* + \beta$$

从而可得

$$\frac{C_{\mathrm{on}}}{C_{\mathrm{opt}}} < \frac{t_{k-1} + 2}{t_{k-1} + \beta + 1} \leq 1 + \frac{1 - \beta}{1 + \alpha^* + \beta} \leq 1 + \alpha^*$$

接下来假设水平 L_{k-1} 是满的水平, 分两种情形讨论.

情形 1 $k = 1$ 或 L_0, L_1, $\cdots$, L_{k-2} 均为满的水平, 则集合 $\{J_0\} \cup \{\cup_{1 \leq j \leq k} L_j\}$ 中的工件在 t_0 或 t_0 之后到达, 此时有 $C_{\mathrm{on}} - C_{\mathrm{opt}} \leq 1$, 由于 $C_{\mathrm{opt}} \geq 2$, 则有 $C_{\mathrm{on}} \leq \frac{3}{2} C_{\mathrm{opt}} \leq (1 + \alpha^*) C_{\mathrm{opt}}$.

情形 2 $k \geq 2$ 且 L_0, L_1, $\cdots$, L_{k-2} 中至少有一个是非满的水平, 令 L_z 为 L_{k-1} 之前最后一个非满的水平. 此时集合 $\cup_{z+1 \leq j \leq k} L_j$ 中所有工件在 t_z 或之

后到达，此时有 $C_{on} - C_{opt} \leq 1$，由于 $C_{opt} \geq 2$，则有 $C_{on} \leq \dfrac{3}{2} C_{opt} \leq (1 + \alpha^*) C_{opt}$. 定理证毕.

由 α^* 的定义不难得到如下推论.

推论 3.2.5 对于排序问题 $P_m | \text{online}, p\text{-batch}, b < \infty, p_j = 1, LK_\beta | C_{max}$，当 $0 \leq \beta \leq \dfrac{1}{6}$ 时，算法 $H^b(\alpha^*, \beta)$ 的竞争比为 $1 + \alpha^*$，为最好可能的.

3.3 排序问题 $1 | \text{online}, p - \text{batch}, b, p_j = 1, LK_\beta | \sum E_j$

本节讨论单机上的平行批排序问题，所有工件加工长度为 1，优化目标为最大化提前完工工件个数，每个工件 J_j 有工期 d_j，若其完工时间 $C_j \leq d_j$，则称该工件是提前完工工件，记 $E_j = \begin{cases} 1, & C_j \leq d_j \\ 0, & C_j > d_j \end{cases}$，则优化目标记为 $\sum E_j$，该目标与 C_{max}，F_{max} 不同，为最大化此类目标，对于此类问题的研究与前类似，仍然是通过对手法构造问题的界，对于最大化问题构造问题的上界，然后设计在线算法，分析算法的竞争比. 本节内容为 Li 等 (2009) 中部分结果.

定理 3.3.1 对于排序问题 $1 | \text{online}, p - \text{batch}, b, p_j = 1, LK_\beta | \sum E_j$，当 $0 \leq \beta < 1$ 时，任何在线算法的竞争比不会大于 $\rho = 1/\min\{n, b + 1\}$，其中 n 为工件个数.

证明：假设 $0 \leq \beta < 1$，记 $\beta = 1 - \varepsilon$，$0 < \varepsilon \leq 1$. 令 $\kappa = 1/\rho = \min\{n, b + 1\}$，对于任意在线算法 A，通过对手法构造问题的反例. 记 $A(I)$ 为算法作用在实例 I 上的目标值，$OPT(I)$ 为实例 I 的最优目标值.

在时刻 $t = 0$，工件 J_0 到达，其工期为 $d(J_0) = 3$. 若算法 A 在时间区间 $[0, 2]$ 内不加工工件，则没有其他工件到达，此时 $A(I) = 0 < \rho OPT(I)$. 若算法在时间区间 $[0, 2]$ 中的某个时刻 t 处加工工件 J_0，则在时间 $r = t +$

$1 - \varepsilon/2$ 处有 $\kappa - 1$ 个紧工件[①]到达. 由于 $t + \beta = t + 1 - \varepsilon < t + 1 - \varepsilon/2$, 算法在 t 时刻预测不到这些工件, 这些工件在 J_0 完工后即失效, 从而 $A(I) = 1$. 在最优排序中可安排所有工件按照如下方式加工: 若 $t < \varepsilon/2$, 则将 r 处到达的工件在 r 处开工, 将工件 J_0 在 $r + 1$ 处开工, 此时所有工件提前完工; 若 $t \geq \varepsilon/2$, 则在 $t = 0$ 时刻加工工件 J_0, 在时刻 r 处加工其余 $\kappa - 1$ 个工件. 此时有 $\mathrm{OPT}(I) = \kappa = 1/\rho$, 从而 $A(I)/\mathrm{OPT}(I) = \rho$. 定理得证.

接下来, 设计在线算法. 当 $L = 0$ 时, 笔者给出了一个在线算法, 称为贪婪批算法 (GB), 并证明该算法是最好可能的, 则对于 $0 \leq L < 1$, 该算法也是最好可能的. 记 $U(t)$ 表示在 t 时刻所有已经到达但还未被加工的工件.

贪婪批算法 (GB): 在时刻 t 处, 若机器空闲且 $U(t) \neq \varnothing$, 则将 $U(t)$ 中工件按照工期由小到大进行排序, 并将前 $\min\{b, |U(t)|\}$ 个工件作为一批进行加工; 否则等待.

定理 3.3.2 对于排序问题 $1 | \text{online}, p - \text{batch}, b, p_j = 1, LK_\beta | \sum E_j$, 当 $0 \leq \beta < 1$ 时, 算法 (GB) 的竞争比为 $\rho = 1/\min\{n, b + 1\}$, 为最好可能的.

证明: 当 $n \leq b$ 时, 结论显然成立, 由于算法 (GB) 至少完成一个工件. 接下来假设 $b \leq n - 1$, 此时 $\rho = 1/(b + 1)$, 且 $b < \infty$. 利用最小反例法进行证明. 选择工件个数最少的反例 I 满足 $\mathrm{GB}(I) < \rho\mathrm{OPT}(I)$. 假设有算法 (GB) 作用在反例 I 上生成的批为 $B_1, B_2, \cdots, B_m$, 记批 B_i 的开工时间和完工时间分别为 $S_i, C_i = S_i + 1$. 由算法知, 当 $t \geq C_m$ 时, $U(t) = \varnothing$. 记 $B = B_1 \cup \cdots \cup B_m$, 则 $|B| = \mathrm{GB}(I) \geq m$. 集合 $I \setminus B$ 中的所有工件在时刻 $t \geq C_m$ 处失效. 接下来讨论两种情形.

情形 1 批 $B_1, B_2, \cdots, B_m$ 中任何两个批之间没有空闲时间, 则在最优排序中集合 $I \setminus B$ 中的工件若加工的话则必须在时间区间 $[S_1, S_m + 1)$ 中加工. 由于最优排序在 $[S_1, S_m + 1)$ 中至多开工 m 个批, 则

---

① 紧工件即工期为到达时间与加工长度之和的工件, 这些工件若为提前完工工件, 则开工时间必为到达时间.

$$\text{OPT}(I) \leqslant \text{mb} + |B| \leqslant (b+1)|B| = (b+1)\text{GB}(I)$$

从而 $\text{GB}(I) \geqslant \rho\text{OPT}(I)$，与反例的选取矛盾.

情形 2   批 B_1，B_2，$\cdots$，B_m 之间有空闲. 记 $[s, t]$ 为最后的空闲区间. 令 V 为所有到达时间不小于 t 的工件构成的集合，即 $V = \{J: r(J) \geqslant t\}$，则

$$\text{OPT}(I) \leqslant \text{OPT}(I \setminus V) + \text{OPT}(V)$$

由算法（GB）构造知

$$\text{GB}(I) = \text{GB}(I \setminus V) + \text{GB}(V)$$

由反例 I 的选取知

$$\text{GB}(I \setminus V) \geqslant \rho\text{OPT}(I \setminus V)，\text{GB}(V) \geqslant \rho\text{OPT}(V)$$

从而 $\text{GB}(I) \geqslant \rho\text{OPT}(I)$，矛盾. 定理得证.

当 $1 \leqslant \beta < 2$ 时，对于批容量无界（$b = \infty$）和有界（$b < \infty$）的情形分别给出了竞争比为 0.39 和 2/3 的在线算法. 特别地，当 $\beta = 1$ 时，对于批容量无界（$b = \infty$）和有界（$b < \infty$）的情形分别给出了竞争比为 0.25 和 0.2 的在线算法. 接下来先算出问题的上界.

定理 3.3.3   对于排序问题 $1 | \text{online}, p - \text{batch}, b, p_j = 1, LK_\beta |$ $\sum E_j$，当 $1 \leqslant \beta < 2$ 时，批容量无界时，任何在线算法的竞争比不会大于 0.39；批容量有界时，任何在线算法的竞争比不会大于 2/3.

证明：当批容量无界时，即 $b = \infty$. 假设 $1 \leqslant \beta < 2$，记 $\beta = 2 - \varepsilon$，$0 < \varepsilon \leqslant 1$. 对于任何在线算法 A，构造一个工件实例 I，该实例中包含 32 类紧工件. 令 I_i 表示第 i，$0 \leqslant i \leqslant 31$ 类紧工件，其工件数目为 $|I_i| = a_i$，其值定义如下：

$a_0 = 10$,	$a_1 = 27$,	$a_2 = 60$,	$a_3 = 127$,
$a_4 = 256$,	$a_5 = 503$,	$a_6 = 964$,	$a_7 = 1\ 815$,
$a_8 = 3\ 364$,	$a_9 = 6\ 154$,	$a_{10} = 11\ 126$,	$a_{11} = 19\ 903$,
$a_{12} = 35\ 254$,	$a_{13} = 61\ 866$,	$a_{14} = 107\ 597$,	$a_{15} = 185\ 495$,
$a_{16} = 316\ 998$,	$a_{17} = 536\ 926$,	$a_{18} = 901\ 105$,	$a_{19} = 1\ 497\ 710$,

$$a_{20} = 2\ 463\ 549, \quad a_{21} = 4\ 006\ 267, \quad a_{22} = 6\ 432\ 197, \quad a_{23} = 10\ 176\ 020$$

$$a_{24} = 15\ 819\ 879, \quad a_{25} = 24\ 070\ 980, \quad a_{26} = 36\ 628\ 103, \quad a_{27} = 53\ 354\ 420,$$

$$a_{28} = 75\ 085\ 744, \quad a_{29} = 98\ 609\ 336, \quad a_{30} = 116\ 038\ 246, \quad a_{31} = 105\ 006\ 416.$$

第 i 类紧工件 I_i 的到达时间记为 $r(I_i) = i - \theta_i$, $0 \le i \le 31$, 其中 $0 = \theta_0 < \theta_1 < \cdots < \theta_{31} < \varepsilon$, 可得

$$r(I_0) = 0, \ r(I_i) < r(I_{i-1}) + 1 < r(I_{i+1}), \ 1 \le i \le 30$$

接下来将证明, 对于 i, $1 \le i \le 15$, 则

(1) 工件集 $I_0 \cup I_1 \cup \cdots \cup I_{2i}$ 在最优排序中提前完工的工件集为 $I_0 \cup I_2 \cup I_4 \cup \cdots \cup I_{2i}$;

(2) 工件集 $I_0 \cup I_1 \cup \cdots \cup I_{2i+1}$ 在最优排序中提前完工的工件集为 $I_1 \cup I_3 \cup I_5 \cup \cdots \cup I_{2i+1}$.

这样对于 i, $1 \le i \le 15$, 则

$$\begin{cases} \text{OPT}(I_0 \cup I_1 \cup \cdots \cup I_{2i}) = a_0 + a_2 + a_4 + \cdots + a_{2i} \\ \text{OPT}(I_0 \cup I_1 \cup \cdots \cup I_{2i+1}) = a_1 + a_3 + a_5 + \cdots + a_{2i+1} \end{cases}$$

由上述等式可证明对于 i, $1 \le i \le 30$, 则

$$\frac{a_i}{\text{OPT}(I_0 \cup I_1 \cup \cdots \cup I_{i+1})} < 0.39$$

由于所有工件为紧工件, 对于任意在线算法 A, 其决策时刻为 $r(I_0)$, $r(I_1)$, $\cdots$, $r(I_{31})$.

在每个决策时刻 $r(I_i)$, $0 \le i \le 30$, 算法 A 要么将 I_i 作为一个单独的批加工, 要么等待下一个决策时刻 $r(I_{i+1})$. 在时刻 $r(I_i)$, $0 \le i \le 30$, 算法 A 只能预测到 I_{i+1} 中的工件信息.

若算法 A 没有安排任何工件, 则 $A(I) = 0$, 从而 $A(I)/\text{OPT}(I) = 0 < 0.39$.

若在某个时刻 $r(I_i)$, $0 \le i \le 30$ 处, 算法 A 将 I_i 作为一个单独的批加工. 若 $i \le 30$, 则在 $r(I_{i+1})$ 后无任何工件到达, 则 $I = I_0 \cup I_1 \cup \cdots \cup I_{i+1}$, 且 $A(I) = |I_i| = a_i$, 从而 $A(I)/\text{OPT}(I) < 0.39$. 若 $i = 31$, 则 $I = I_0 \cup I_1 \cup \cdots \cup I_{31}$, 且 $A(I) = |I_{31}| = a_{31}$, 从而由 $\dfrac{a_i}{\text{OPT}(I_0 \cup I_1 \cup \cdots \cup I_{i+1})} < 0.39$ 和

$a_{31} < a_{30}$ 可得

$$A(I)/\mathrm{OPT}(I) = a_{31}/\mathrm{OPT}(I) < a_{30}/\mathrm{OPT}(I_0 \cup I_1 \cup \cdots \cup_{31}) < 0.39$$

当批容量有界时, 即 $b = \infty$. 采用相同的证明思路. 假设只有三类工件, 且 $|I_0| = |I_1| = |I_2| = 2$, 可以证明对于任何在线算法, 都有 $A(I)/\mathrm{OPT}(I) \le 2/3$. 定理得证.

接下来, 对于情形 $\beta = 1$ 给出在线算法, 称为延迟批算法 (DB). 在当前时刻 t, 令 R_t 表示在时间区间 $(t, t+1)$ 内到达的工件集. 对于每个时刻 $t_0 > t$, 定义下面符号:

• $U(t, t_0)$: 时刻 t_0 处的有效工件集, 即在 t 时刻未被加工且到达时刻不大于 t_0, 工期至少为 $t_0 + 1$ 的工件集.

• $Q(t, t_0)$: 将 $U(t, t_0)$ 中工件按照权重不增序排列, 取前 $\min\{b, |U(t, t_0)|\}$ 个工件构成的工件集. 当 $b = \infty$ 时, $Q(t, t_0) = U(t, t_0)$.

• $W(t, t_0) = \sum_{J \in Q(t, t_0)} w(J)$: $Q(t, t_0)$ 中工件的总权重.

算法 (DB) 的主要设计思路为, 在任意决策时刻 t [机器空闲且 $U(t, t)$ 非空的时刻], 若可在时间区间 $(t, t+1)$ 中选择一个时刻 t_0, 满足 $W(t, t_0) \ge 2W(t, t)$, 令 t 为最小满足条件的 t_0; 否则将 $Q(t, t)$ 中的工件作为一个单独的批在该时刻加工.

延迟算法 (DB):

第 0 步: 令 $t = 0$;

第 1 步: 若 $Q(t, t) = \varnothing$, 则等待直到新工件到达, 并将 t 更新为新工件到达时间;

第 2 步: 若 $R_t = \varnothing$, 则将 $Q(t, t)$ 作为一个批在时刻 t 加工, 更新 $t := t + 1$, 转第 1 步;

第 3 步: 若 $R_t \ne \varnothing$, 则考虑情形 3.1 和情形 3.2.

情形 3.1 若存在某个时刻 $t_0 \in (t, t+1)$, 满足 $W(t, t_0) \ge 2W(t, t)$, 则更新

$$t := t' = \min\{t_0 \in (t, t+1) : W(t, t_0) \ge 2W(t, t)\}$$

转第 2 步.

情形 3.2 若对于任意的 $t_0 \in (t, t+1)$，都有 $W(t, t_0) < 2W(t, t)$，则将 $Q(t, t)$ 中的工件作为一个批在时刻 t 加工，更新 $t: = t+1$，转第 1 步.

假设由（DB）算法生成的批分别为 B_1，B_2，$\cdots$，B_m. 对任意的 i，$1 \leqslant i \leqslant m$，批 B_i 的开工时间和完工时间分别为 S_i，C_i，则 $S_1 < S_2 < \cdots < S_m$，$C_i = S_i + 1$，对于 $t \geqslant C_m$，$U(t, t) = \varnothing$. 令 C_0 表示第一个工件的到达时间，令 $S_{m+1} = C_m$，$C_{m+1} = \infty$. 在算法（3.1）中确定的时刻 t' 称为关键等待时刻. 若某个批 B_k 在若干个连续关键等待时刻后生成，则称该批为延迟批；否则称为正则批. 记 $B = B_1 \cup \cdots \cup B_m$. 由算法构造可得下面两个说明.

说明 1 （1）集合 $I \setminus B$ 中所有工件在时刻 C_m 处失效.（2）对任意的批 B_k，$1 \leqslant k \leqslant m$，在任意时刻 $t \in [S_k, S_k + 1)$，均有 $W(S_k, t) < 2W(B_k)$.

说明 2 若批 B_k 是一个正则批，其中 $k \geqslant 2$，$S_k > C_{k-1}$，则对于任意的时刻 $t \in [C_{k-1}, S_k)$，均有 $U(t, t) = \varnothing$.

引理 3.3.4 假设批 B_k 是一个延迟批. 若 $k = 1$，定义 $t_0 = C_0$. 若 $k > 1$，令 t 为最早满足条件 $t \geqslant C_{k-1}$，$U(t, t) \neq \varnothing$ 的时刻. 假设在时间区间 $[t_0, S_k]$ 中连续的关键等待时刻为 t_1，t_2，$\cdots$，t_{n-1}，$t_n = S_k$，则有如下结论：

（a）对任意的 i，$0 \leqslant i \leqslant n-1$，有 $t_{i+1} - t_i < 1$；

（b）对任意的 i，$0 \leqslant i \leqslant n$，有 $W(t_i, t_i) \leqslant (1/2^{n-i}) W(B_k)$.

证明：

（a）在任意时刻 t，算法（DB）只能预测到时间区间 $(t, t+1)$ 到达的工件，这样任意两个关键等待时刻的差小于 1，即对任意的 i，$0 \leqslant i \leqslant n-1$，有 $t_{i+1} - t_i < 1$.

（b）注意到算法（DB）在时间区间 $[t_0, S_k)$ 内不安排任何工件. 由关键等待时刻的定义，可知对任意的 i，$0 \leqslant i \leqslant n-1$，有 $W(t_{i+1}, t_{i+1}) = W(t_i, t_{i+1}) \geqslant 2W(t_i, t_i)$，这样

$$W(t_n, t_n) \geqslant 2W(t_{n-1}, t_{n-1}) \geqslant \cdots \geqslant 2^{n-i} W(t_i, t_i)$$

注意到 $Q(t_n, t_n) = B_k$，则 $W(B_k) = W(t_n, t_n)$，从而对任意的 i，$0 \leqslant i \leqslant n$，有 $W(t_i, t_i) \leqslant (1/2^{n-i}) W(B_k)$.

引理 3.3.5　若 $b = \infty$ 且 π 为最优离线排序，在 π 中任何未被安排加工的工件都不能在不影响 π 的最优性的条件下被加工，从而在时间区间 $[C_m, \infty)$ 中没有工件在最优排序 π 中被加工.

证明：由说明 1（1）知，在最优排序 π 下，时间区间 $[C_m, \infty)$ 中，$I \setminus B$ 中的工件未被加工. 采用反证法. 假设 $B^* \neq \varnothing$ 为在最优排序 π 下 B 中工件在时间区间 $[C_m, \infty)$ 中被安排加工的工件集. 显然 B^* 中所有工件在 S_m 时刻或该时刻之前到达. 若在某个时刻 $t \in [S_m, C_m)$，π 安排批 B' 开工，则 B^* 中工件可以添加进 B' 中在该时刻开工，新的排序也是最优的，但与 π 的选择矛盾. 假设 π 在时间区间 $[S_m, C_m)$ 中不安排批加工. 令 t^* 为 $I \setminus B^*$ 中工件在 π 下最晚的完工时间，则 π 不安排 B^* 之外的工件加工，此时令 $t^* = 0$，则 $t^* < C_m$. 从而，在某个最优排序下，B^* 可在时刻 $\max\{t^*, S_m\} < C_m$ 处开工，与 π 的选取矛盾，引理得证.

定理 3.3.6　算法（DB）的竞争比 ρ_b，当 $b = \infty$ 时，$\rho_b = 0.25$，当 $b < \infty$ 时，$\rho_b = 0.2$.

证明：采用最小反例法. 令 I 为工件数目最少的实例满足 $DB(I) < \rho_b OPT(I)$. 注意到由算法（DB）生成的批为 $B_1, B_2, \cdots, B_m$，$B = B_1 \cup \cdots \cup B_m$，则 $W(B) = DB(I)$，且

$$OPT(I) \leqslant OPT(I \setminus B) + DB(I)$$

对任意的 i，$1 \leqslant i \leqslant m + 1$，令 $K_i = [S_i, C_i)$. 令 $k \leqslant m$（或 $k = 1$）为最大的整数满足在 S_k 之前没有空闲区间，分两种情形讨论.

情形 1　B_k 是一个正则批. 令 $V = \{J \in I : r(J) \geqslant S_k\}$. 若 $k \geqslant 2$，由说明 2 知，对任意的 $t \in [C_{k-1}, S_k)$，$U(t, t) = \varnothing$. 此时有

$$DB(I) = DB(I \setminus V) + DB(V), \quad OPT(I) \leqslant OPT(I \setminus V) + OPT(V)$$

由实例 I 的选取知

$$DB(I \setminus V) \geqslant \rho_b OPT(I \setminus V), \quad DB(V) \geqslant \rho_b OPT(V)$$

这样，$DB(I) \geqslant \rho_b OPT(I)$，与 I 的选取矛盾，从而 $k = 1$，$V = I$. 对任意的

$J \in I$, 有

$$[S_1, \infty) = K_1 \cup \cdots \cup K_{m+1}, \ r(J) \geqslant S_1$$

注意到在最优排序 OPT 中，$I \setminus B$ 中工件不会在时间区间 $[C_m, \infty)$ 内开工，对任意的 i，$1 \leqslant i \leqslant m$，在 OPT 中，$I \setminus B$ 中的工件至多形成一个批在 K_i 中开工. 由说明 1 知，在 OPT 中，$I \setminus B$ 中工件在时间区间 $K_i = [S_i, C_i)$ 中开工的批的权重都小于 $2W(B_i)$，这样有

$$\text{OPT}(I \setminus B) < 2W(B_1) + \cdots + 2W(B_m) = 2W(B) = 2\text{DB}(I)$$

进一步有

$$\text{OPT}(I) \leqslant \text{OPT}(I \setminus B) + \text{DB}(I) < 3\text{DB}(I) < (1/\rho_b)\text{DB}(I)$$

与 I 的选择矛盾.

情形 2 B_k 是一个延迟批. 令 t_0 为最小的满足 $t \geqslant C_{k-1}$，$U(t, t) \neq \varnothing$ 时刻 t. 令 $V = U(t_0, t_0) \cup \{J \in I: r(J) > t_0\}$. 注意到 $t_0 \geqslant C_{k-1}$，$\{J \in I: r(J) > t_0\} \neq \varnothing$，所有 $I \setminus V$ 中未被加工的工件在时刻 C_{k-1} 处失效，从而 $t_0 > C_{k-1}$，$U(t, t) = \varnothing$，对任意的 $t \in [C_{k-1}, t_0)$.

这里假设 $k \geqslant 2$，并令 σ 是实例 I 的一个最优排序. 令 $U^* = \{J \in U(t_0, t_0): r(J) \leqslant S_{k-1}$ 或 J 在 σ 中 t_0 之前加工$\}$.

令 C^* 为在 σ 中 t_0 之前加工的工件中最大的完工时间，则 $C^* < t_0 + 1$. 接下来，按照如下方式构造一个更小的实例 I^* 和实例 V^*.

实例 I^* 由 $I \setminus V$ 中工件和 U^* 中工件构成，其中 U^* 中工件的工期重新定义为 $d^*(J) = C^*$.

在实例 I^* 中，由于 $C^* < t_0 + 1$，所有 U^* 中工件在 t_0 时刻失效. 进一步，算法（DB）在时间区间 $[C_0, t_0)$ 内对实例 I 和实例 I^* 生成同样的批，从而有 $\text{DB}(I^*) = \sum_{1 \leqslant i \leqslant k-1} W(B_i)$.

实例 V^* 由 $V = U(t_0, t_0) \cup \{J \in I: r(J) > t_0\}$ 中工件构成，且集合 $U(t_0, t_0)$ 中工件的到达时间重新定义为 $r^*(J) = t_0$. 注意到 V^* 中所有工件的到达时间至少为 t_0. 同样地，算法（DB）在时间区间 $[t_0, \infty)$ 内对实例 I 和 V^* 生成同样的批，从而有 $\text{DB}(V^*) = \sum_{k \leqslant i \leqslant m} W(B_i)$.

由实例 I^* 和实例 V^* 的定义可知, 算法 (DB) 对实例 I 和 $I^* \cup V^*$ 接收同样数目的工件. 从而有 $DB(I^* \cup V^*) = DB(I)$. 将 σ 分别限制在 $[C_0, t_0)$ 和 $[t_0, \infty)$ 上得到对实例 I^* 和实例 V^* 的排序 $\sigma(I^*)$ 和 $\sigma(V^*)$, 可作为实例 I^* 和实例 V^* 的可行排序, 从而有 $OPT(I) \leqslant OPT(I^*) + OPT(V^*)$. 由 I 的选择可知

$$DB(I^*) \geqslant \rho_b OPT(I^*), \quad DB(V^*) \geqslant \rho_b OPT(V^*)$$

从而 $DB(I) \geqslant \rho_b OPT(I)$, 与 I 的选取矛盾, 从而 $k = 2$, $V = I$.

由于 $k = 1$, 则 $t_0 = C_0$. 假设在时间区间 $[t_0, S_1]$ 中连续的关键等待时刻分别为 t_1, t_2, $\cdots$, t_{n-1}, $t_n = S_1$. 由引理 3.3.4(a) 知, 对任意的 i, $0 \leqslant i \leqslant n - 1$, $t_{i+1} - t_i < 1$. 对任意的 i, $1 \leqslant i \leqslant n$, 令 $T_i = [t_{i-1}, t_i)$, 则 $[C_0, S_1) = T_1 \cup \cdots \cup T_n$, $[S_1, \infty) = K_1 \cup \cdots \cup K_{m+1}$.

情形 2.1($b = \infty$)   令 π 为最优离线排序, 在 π 中任何未被安排加工的工件都不能在不影响 π 的最优性的条件下被加工, 由引理 3.3.5 知在时间区间 $[C_m, \infty)$ 中没有工件在最优排序 π 中被加工. 令 $F = B_1 \cup \{J \in I: r(J) > S_1\}$. 则在算法 (DB) 中 $I \setminus F$ 中所有未被加工的工件在时刻 S_1 处失效. 对任意的 i, $1 \leqslant i \leqslant n$, 对于实例 I, 在 π 下至多有一个批在 T_i 中开工, 由引理 3.3.4(b) 知, 对任意的 i, $1 \leqslant i \leqslant n$, 在 T_i 中开工的批的权重均小于 $(1/2^{n-i})W(B_1)$, 接下来我们证明以下结论.

结论 1   在排序 π 中, 在时间区间 $[C_0, S_1)$ 内接收的实例 I 中工件的权重总和小于 $(1/2^{n-1} + 1/2^{n-2} + \cdots + 1)W(B_1) < 2W(B_1) \leqslant 2DB(I)$.

接下来, 考虑 π 中在时间区间 $[S_1, \infty)$ 内接收的实例 F 中的工件, 且这些工件生成批的开工时间分别为 x_1, x_2, $\cdots$, x_q, 对应的批分别为 X_1, X_2, $\cdots$, X_q, 则 $S_1 \leqslant x_1 < x_2 < \cdots < x_q < C_m$. 对于任意的 i, $1 \leqslant i \leqslant q$, 定义 h_i 满足 $S_{h_i} \leqslant x_i < S_{h_i + 1} = S_{h_i} + 1$, 则 $h_q \leqslant m$. 由假设 $b = \infty$ 和算法 (DB) 知, 批 $B_i(1 \leqslant i \leqslant m)$ 中的工件在时间区间 $(S_{i-1}, S_i]$ 内到达. 由 π 的定义, $X_i(1 \leqslant i \leqslant q)$ 中每个工件在时间区间 $(x_{i-1}, x_i] \subseteq (S_{h_{i-1}}, x_i]$ 内到达, 其中 $h_0 = 0$. 由此可得对于 $j \leqslant h_{i-1}$, $X_i \cap B_j = \varnothing$, 接下来证明对于 i, $1 \leqslant i \leqslant q$, 则有

$$X_i \subseteq B_{h_{i-1}+1} \cup \cdots \cup B_{h_i-1} \cup Q(S_{h_i}, x_i)$$

对于 X_i 中的工件 J，考虑如下两种情形. 若 $r(J) \in (S_{h_{i-1}}, S_{h_i}]$，由于工件 J 在时刻 x_i 处有效，由算法知，对于某个 j，$h_{i-1} + 1 \leqslant j \leqslant h_i$，$J \in B_j$. 若 $r(J) \in (S_{h_i}, x_i]$，则 $J \in U(S_{h_i}, x_i) = Q(S_{h_i}, x_i)$，从而可得 $X_i \subseteq B_{h_{i-1}+1} \cup \cdots \cup B_{h_i} \cup Q(S_{h_i}, x_i)$，由于 $X_i \cap B_{h_i} \subseteq Q(S_{h_i}, x_i)$，则 $X_i \subseteq B_{h_{i-1}+1} \cup \cdots \cup B_{h_i-1} \cup Q(S_{h_i}, x_i)$. 进一步由于 $W(S_{h_i}, x_i) < 2W(B_{h_i})$，对于 i，$1 \leqslant i \leqslant q$，可得

$$W(X_i) \leqslant \sum_{h_{i-1}+1 \leqslant u \leqslant h_i-1} W(B_u) + 2W(B_{h_i}) \leqslant 2 \sum_{h_{i-1}+1 \leqslant u \leqslant h_i} W(B_u)$$

将上述所有不等式相加，可得下面结论 2.

结论 2　π 中在时间区间 $[S_1, C_m)$ 内接收的实例 I 中的工件的权重综合小于 $2W(B) = 2DB(I)$.

由结论 1 和结论 2 可得 $OPT(I) < 4DB(I) = DB(I)/\rho_b$. 这与 I 的选择矛盾.

情形 $2.2(b < \infty)$　考虑 $I \setminus B$ 的任何一个最优排序 τ，$I \setminus B$ 中所有工件在时刻 C_m 处失效. 对于每个 i，$1 \leqslant i \leqslant n$，$\tau$ 中至多有一个批在 T_i 中开工. 对于每个 u，$1 \leqslant u \leqslant m$，$\tau$ 中至多有一个批在 K_u 中开工. 由引理 3.3.4(b) 知，τ 中在 $T_i = [t_{i-1}, t_i)$，$(1 \leqslant i \leqslant n)$ 中开工的任何批的权重小于 $(1/2^{n-i})W(B_1)$，从而在 τ 中在时间区间 $[C_0, S_1)$ 接收的 $I \setminus B$ 中的工件总权重小于 $2W(B_1) \leqslant 2DB(I)$. τ 中在时间区间 $K_u = [S_u, C_u)$，$(1 \leqslant u \leqslant m)$ 中某个时间开工的批的权重小于 $2W(B_u)$. 从而 τ 中在时间区间 $[S_1, C_m)$ 接收的 $I \setminus B$ 中的工件总权重小于 $W(B) = 2DB(I)$，这样 $OPT(I \setminus B) < 4DB(I)$，又由 $OPT(I) \leqslant OPT(I \setminus B) + DB(I)$ 可得

$$OPT(I) < 5DB(I) = DB(I)/\rho_b$$

与 I 的选取矛盾，定理得证.

4 带前瞻的 $LK_{(\lambda,\,\beta)}$ 模型

本章讨论一类新的具有前瞻性的在线排序模型. 在任意时刻 t, 任意在线算法可以预知在时间区间 $(t,\,\lambda t + \beta]$ 内到达的所有工件的信息, 其中 $\lambda \geqslant 1$, $\beta \geqslant 0$ 为实数, 将这类排序模型简记为 $LK_{(\lambda,\,\beta)}$. 不难看出, 当 $\lambda = 1$, $\beta > 0$ 时, 即 LK_β 模型. 这类排序模型的提出是合理的, 简单分析如下: 考虑整数时刻点, 在 $t = 0$ 时刻, 可以预知 $(0,\,\beta]$ 内到达的所有工件; 在 $t = 1$ 时刻, 可以预知 $(1,\,\lambda + \beta]$ 内到达的所有工件; 在 $t = 2$ 时刻, 可以预知 $(2,\,2\lambda + \beta]$ 内到达的所有工件. 依次类推, 不难发现, 随着时间的增长, 可以预知的时间区间的长度呈现递增趋势, 并且每单位时间内增加的幅度均为 $\lambda - 1$. 在实际问题中, 通常可以根据当前已经到达的工件信息来预测未来一段时间内到达的工件信息, 当已有工件信息累积越来越多时, 则可用于预测的数据量变大, 从而可以更准确地预测到未来更长一段时间内的工件信息, 该模型比 LK_k 模型和 LK_β 模型更合理, 也更灵活. 本章主要研究在 $LK_{(\lambda,\,\beta)}$ 模型下, 目标为最小化时间表长和最小化流程的分批在线排序问题. 主要包括以下几个排序问题:

$$P_m \big| \text{online},\ p - \text{batch},\ b = \infty,\ p_j = 1,\ LK_{(\lambda,\,\beta)} \big| C_{\max}$$

$$P_m \big| \text{online},\ p - \text{batch},\ b < \infty,\ p_j = 1,\ LK_{(\lambda,\,\beta)} \big| C_{\max}$$

$$P_m \big| \text{online},\ p - \text{batch},\ b = \infty,\ LK_{(\lambda,\,\beta)} \big| C_{\max}$$

$$P_m \big| \text{online},\ p - \text{batch},\ b = \infty,\ p_j = 1,\ LK_{(\lambda,\,\beta)} \big| F_{\max}$$

$$P_m \big| \text{online},\ p - \text{batch},\ b < \infty,\ p_j = 1,\ LK_{(\lambda,\,\beta)} \big| F_{\max}$$

4.1 排序问题 $P_m | \text{online}, p - \text{batch}, b = \infty, p_j = 1,$
$LK_{(\lambda, \beta)} | C_{\max}$

本节研究在 $LK_{(\lambda, \beta)}$ 模型下，工件加工长度相等，批容量无界的平行机在线排序问题，对 λ, β 取值的不同情形分别给出了最优在线算法和最好可能的在线算法，即当 $\lambda > 1, \beta \geqslant \dfrac{\lambda - 1}{\lambda^m - 1}$ 时，给出了最优在线算法；当 $\lambda > 1, 0 < \beta < \dfrac{\lambda - 1}{\lambda^m - 1}$ 时，给出了最好可能的在线算法，其竞争比为 $1 + \alpha_m$，其中 α_m 为方程

$$(1 + \alpha_m)^{m+1} \lambda^m + (1 + \beta - \lambda) \sum_{i=1}^{m} (1 + \alpha_m)^i \lambda^{i-1} = 2 + \alpha_m$$

的正根. 接下来分别给出相应的两个算法.

本章中，令 $U(t)$ 为在 t 时刻到达但还未加工的工件集；$U(t, \lambda, \beta)$ 为在时间区间 $(t, \lambda t + \beta]$ 内到达的所有工件集.

当 $\lambda > 1, \beta \geqslant \dfrac{\lambda - 1}{\lambda^m - 1}$，给出算法 H_5.

算法 H_5：在任意机器有空闲的时刻 t，且 $U(t) \neq \varnothing$，$U(t, \lambda, \beta) = \varnothing$ 时，将 $U(t)$ 中所有工件作为一批在该空闲机器上加工；否则等待.

定理 4.1.1　对于排序问题 $P_m | \text{online}, p - \text{batch}, b = \infty, p_j = 1,$ $LK_{(\lambda, \beta)} | C_{\max}$，当 $\lambda > 1, \beta \geqslant \dfrac{\lambda - 1}{\lambda^m - 1}$ 时，算法 H_5 是最优在线算法，即对任何工件实例，都有 $C_{\text{on}} = C_{\text{opt}}$.

证明：令 I 为任何工件实例. 令 r^* 为 I 中最晚工件的到达时间，且 J^* 为这样的一个工件. 由于批容量 $b = \infty$，I 中所有工件可作为一个单一的批在时刻 r^* 处开工. 该排序为离线最优排序，即 $C_{\text{opt}} = r^* + 1$.

令 B^* 为由算法 H_5 生成的所有批中最晚开工的那个批. 由算法易知，

$J^* \in B^*$. 接下来只需证明 B^* 在算法 H_5 中的开工时间为 r^*. 采用反证法. 假设批 B^* 在算法 H_5 中的开工时间大于 r^*，由于在时刻 r^* 之后没有其他工件到达，且在该时刻所有机器都正在加工工件，不妨假设 B_1，B_2，$\cdots$，B_m 为在时刻 r^* 处正在加工的 m 个批，且这 m 个批的开工时间为 s_i，$1 \leqslant i \leqslant m$，满足 $s_1 < s_2 < \cdots < s_m$. 由算法 H_5 的特点，不能拿看出，对于任意的 i，$1 \leqslant i \leqslant m$，在时间区间 $(s_i, \lambda s_i + \beta]$ 内，没有任何工件到达，从而对任意的 i，$1 \leqslant i \leqslant m-1$，有

$$s_{i+1} > \lambda s_i + \beta$$

且

$$r^* > \lambda s_m + \beta$$

这样经简单推导可得

$$r^* > \lambda^m s_1 + (\lambda^{m-1} + \lambda^{m-2} + \cdots + \lambda + 1)\beta$$

$$= \lambda^m s_1 + \frac{1 - \lambda^m}{1 - \lambda}\beta$$

$$> s_1 + 1$$

由上式可得，在时刻 r^* 处，加工批 B_1 的那台机器是空闲的，与前面假设矛盾，所以批 B^* 在算法 H_5 中的开工时间为 r^*，从而 $C_{on} = C_{opt}$.

接下来讨论情形 $\lambda > 1$，$0 < \beta < \dfrac{\lambda - 1}{\lambda^m - 1}$. 令 α_m 为下列方程

$$(1 + \alpha_m)^{m+1}\lambda^m + (1 + \beta - \lambda)\sum_{i=1}^{m}(1 + \alpha_m)^i\lambda^{i-1} - 2 + \alpha_m$$

的正根.

定理 4.1.2　对于在线排序问题 $P_m \mid online,\ p-batch,\ b = \infty,\ p_j = 1$，$LK_{(\lambda, \beta)} \mid C_{\max}$，当 $\lambda > 1$，$0 < \beta < \dfrac{\lambda - 1}{\lambda^m - 1}$ 时，任何在线算法的竞争比不会小于 $1 + \alpha_m$.

证明：采用对手法证明. 令 H 为任意在线算法，ε 为任意小的正数. 对手法准备 $m + 1$ 个工件. 在时刻 $r_1 = 0$，第一个工件 J_1 到达且在工件 J_1 开工的任何时刻 t，在时间区间 $(t, \lambda t + \beta]$ 中都不会有其他工件到达. 假设算

法 H 安排 J_1 在某台机器上加工，且开工时间为 t_1.

假设工件 J_1, $\cdots$, J_i, $1 \leqslant i \leqslant m$ 已经到达，其到达时间和开工时间分别为 r_j, t_j, $1 \leqslant j \leqslant i$, 满足 $r_1 < r_2 < \cdots < r_i$, $t_1 < t_2 < \cdots < t_i$.

若 $t_i + 1 \geqslant (1 + \alpha_m)(r_i + 1)$, 则没有其他工件到达. 此时有

$$C_{\mathrm{on}} \geqslant t_i + 1 \geqslant (1 + \alpha_m)(r_i + 1) \geqslant (1 + \alpha_m)C_{\mathrm{opt}}$$

若 $t_i + 1 < (1 + \alpha_m)(r_i + 1)$, 则工件 J_{i+1} 在时刻 $r_{i+1} = \lambda t_i + \beta + \varepsilon$ 处到达. 令 J_k 为最后一个到达的工件. 若 $k \leqslant m$, 则

$$C_{\mathrm{on}} = t_k + 1 \geqslant (1 + \alpha_m)(r_k + 1) = (1 + \alpha_m)C_{\mathrm{opt}}$$

即 $\dfrac{C_{\mathrm{on}}}{C_{\mathrm{opt}}} \geqslant 1 + \alpha_m$. 接下来假设 $k = m + 1$. 则易知

$$C_{\mathrm{on}} \geqslant t_1 + 2, \quad C_{\mathrm{opt}} = r_{m+1} + 1$$

由算法的构造，对任意的 $1 \leqslant i \leqslant m$, 有

$$t_i + 1 < (1 + \alpha_m)(r_i + 1) \tag{4.1}$$

成立. 又由 $r_1 = 0$, $t_1 + 1 < (1 + \alpha_m)$, 且对任意的 $2 \leqslant i \leqslant m + 1$ 有

$$t_i + 1 - (1 + \alpha_m)(t_{i-1} + 1) < (1 + \alpha_m)(r_i + 1) - (1 + \alpha_m)(t_{i-1} + 1)$$
$$= (1 + \alpha_m)(r_i - t_{i-1})$$
$$= (1 + \alpha_m)(\lambda t_{i-1} + \beta + \varepsilon - t_{i-1})$$
$$= (1 + \alpha_m)\left[(\lambda - 1)(t_{i-1} + 1) - \lambda + 1 + \beta + \varepsilon\right]$$
$$\leqslant (1 + \alpha_m)(\lambda - 1)(t_{i-1} + 1) + (1 + \beta - \lambda)(1 + \alpha_m)$$

最后一个不等式成立是当 $\varepsilon \to 0$ 时. 由上述推导可得

$$t_i + 1 - \lambda(1 + \alpha_m)(t_{i-1} + 1) \leqslant (1 + \beta - \lambda)(1 + \alpha_m) \tag{4.2}$$

对于每个 i, $2 \leqslant i \leqslant m$, 上述不等式两边分别乘以 $\left[\lambda(1 + \alpha_m)\right]^{m-i+1}$, 并将这 $m - 1$ 个不等式相加可得

$$\lambda(1 + \alpha_m)(t_m + 1) - \lambda^m(1 + \alpha_m)^m(t_1 + 1) \leqslant$$
$$(1 + \beta - \lambda)\sum_{i=2}^{m}(1 + \alpha_m)^i \lambda^{i-1} \tag{4.3}$$

接下来，我们证明 $t_1 + 2 \geqslant (1 + \alpha_m)(r_{m+1} + 1)$. 若不然

$$t_1 + 2 < (1 + \alpha_m)(r_{m+1} + 1) = (1 + \alpha_m)(\lambda t_m + \beta + \varepsilon + 1)$$

令 $\varepsilon \to 0$ 可得

$$t_1 + 2 \leqslant \lambda(1 + \alpha_m)(t_m + 1) + (1 + \beta - \lambda)(1 + \alpha_m) \qquad (4.4)$$

进一步推导，有

$$\lambda^m(1 + \alpha_m)^m(t_1 + 1) - \lambda(1 + \alpha_m)(t_m + 1)$$

$$\leqslant \lambda^m(1 + \alpha_m)^m(t_1 + 1) + (1 + \beta - \lambda)(1 + \alpha_m) - t_1 - 2$$

$$= [\lambda^m(1 + \alpha_m)^m - 1](t_1 + 1) + (1 + \beta - \lambda)(1 + \alpha_m) - 1$$

$$< [\lambda^m(1 + \alpha_m)^m - 1](1 + \alpha_m) + (1 + \beta - \lambda)(1 + \alpha_m) - 1$$

由式（4.3）及上述不等式，可得

$$0 \leqslant (1 + \beta - \lambda)\sum_{i=2}^{m}(1 + \alpha_m)^i\lambda^{i-1} + \lambda^m(1 + \alpha_m)m(t_1 + 1) -$$

$$\lambda(1 + \alpha_m)(t_m + 1)$$

$$< (1 + \beta - \lambda)\sum_{i=2}^{m}(1 + \alpha_m)^i\lambda^{i-1} +$$

$$(1 + \alpha_m)^m\lambda^m - 2 - \alpha_m = 0$$

推出矛盾，证明 $t_1 + 2 \geqslant (1 + \alpha_m)(r_{m+1} + 1)$. 由此得到

$$C_{on} \geqslant t_1 + 2 \geqslant (1 + \alpha_m)(r_{m+1} + 1) = (1 + \alpha_m)C_{opt}$$

即 $\dfrac{C_{on}}{C_{opt}} \geqslant 1 + \alpha_m$. 证毕.

接下来，对于情形 $\lambda > 1$, $0 < \beta < \dfrac{\lambda - 1}{\lambda^m - 1}$，我们给出一个最好可能的在线算法. 令 $r(t)$ 为 $U(t)$ 中最晚工件的到达时间.

算法 H_6: 在任意时刻 t, 若有机器空闲，且

$$U(t) \neq \varnothing, \; t \geqslant (1 + \alpha_m)[r(t) + 1], \; U(t, \lambda, \beta) = \varnothing$$

将 $U(t)$ 作为一个单独的批在该机器上开工，开工时刻为 t；否则等待.

定理 4.1.3 对于排序问题 $P_m | online$, $p - batch$, $b = \infty$, $p_j = 1$,

$LK_{(\lambda, \beta)} | C_{max}$, 当 $\lambda > 1$, $0 < \beta < \dfrac{\lambda - 1}{\lambda^m - 1}$ 时，算法 H_6 的竞争比为 $(1 + \alpha_m)$.

证明：假设 B_1, B_2, $\cdots$, B_h 为由算法 H_6 生成的批. 令 t_i, $1 \leqslant i \leqslant h$ 为这 h 个批的开工时间，满足 $t_1 < t_2 < \cdots < t_h$. 令 J_j 表示每个批 B_j 中最晚到

达的工件. 由算法的构造知

$$t_j \geqslant (1 + \alpha_m)(r_j + 1) - 1 = (1 + \alpha_m)r_j + \alpha_m, \ 1 \leqslant j \leqslant h$$

且

$$r_j > \lambda t_{j-1} + \beta, \ 2 \leqslant j \leqslant h$$

若 $t_j = (1 + \alpha_m)r_j + \alpha_m$，我们称批 B_j 为正则批.

由于 $C_{\text{on}} = t_h + 1$，$C_{\text{opt}} = r_h + 1$，我们只需证明在算法 H_6 下生成的批 B_h 为正则批.

若 B_h 不是正则批，令 $t^* = (1 + \alpha_m)r_h + \alpha_m$，则 $t_h > t^*$，且在时刻 t^*，所有的 m 台机器正在忙碌. 从而有 $h \geqslant m + 1$. 令 B_{h-m}，B_{h-m+1}，$\cdots$，B_{h-1} 为在 t^* 时刻正加工的工件. 由算法 H_6 的构造知，$t_h = t_{h-m} + 1 > t^*$. 由上述分析，可得

$$\begin{aligned}
t_j + 1 &\geqslant (1 + \alpha_m)(r_j + 1) \\
&> (1 + \alpha_m)(\lambda t_{j-1} + \beta + 1) \\
&= \lambda(1 + \alpha_m)(t_{j-1} + 1) + (1 + \beta - \lambda)(1 + \alpha_m)
\end{aligned}$$

即对任意的 j，$2 \leqslant j \leqslant h$，有

$$t_j + 1 > \lambda(1 + \alpha_m)(t_{j-1} + 1) + (1 + \beta - \lambda)(1 + \alpha_m)$$

对 j，$h - m + 1 \leqslant j \leqslant h$，可得

$$\begin{aligned}
\left[\lambda(1 + \alpha_m)\right]^{h-j}(t_j + 1) > &\left[\lambda(1 + \alpha_m)\right]^{h-j+1}(t_{j-1} + 1) + \\
&(1 + \beta - \lambda)(1 + \alpha_m)^{h-j+1}\lambda^{h-j}
\end{aligned}$$

对于 j，$h - m + 1 \leqslant j \leqslant h$，将上述不等式相加可得

$$t_h > (1 + \beta - \lambda)\sum_{i=1}^{m}(1 + \alpha_m)^i \lambda^{i-1} + \lambda^m(1 + \alpha_m)^m(t_{h-m} + 1) - 1$$

由于 $t_1 \geqslant \alpha_m$，$t_{h-m} \geqslant t_1 \geqslant \alpha_m$，可得

$$(t_{h-m} + 1)\left[\lambda^m(1 + \alpha_m)^m - 1\right] \geqslant (1 + \alpha_m)\left[\lambda^m(1 + \alpha_m)^m - 1\right]$$

且

$$\begin{aligned}
\lambda^m(1 + \alpha_m)m(t_{h-m} + 1) &\geqslant (1 + \alpha_m)m + 1\lambda^m + t_{h-m} + 1 - (1 + \alpha_m) \\
&= (1 + \alpha_m)m + 1\lambda^m + t_{h-m} - \alpha_m
\end{aligned}$$

从而有

$$t_h > (1 + \beta - \lambda) \sum_{i=1}^{m} (1 + \alpha_m)^i \lambda^{i-1} + \lambda^m (1 + \alpha_m) m + 1 + t_{h-m} - \alpha_m - 1$$

$$= 2 + \alpha_m + t_{h-m} - \alpha_m - 1$$

$$= t_{h-m} + 1$$

这与 $t_h = t_{h-m} + 1$ 矛盾，从而批 B_h 为正则批. 这样有

$$C_{on} = t_h + 1 = (1 + \alpha_m) r_h + \alpha_m + 1 = (1 + \alpha_m)(r_h + 1) = (1 + \alpha_m) C_{opt}$$

证毕.

至此，本节针对在具有线性前瞻区间，即 $LK_{(\lambda, \beta)}$ 排序模型下，批容量无界，工件加工长度相等，目标为最小化时间表长的平行机在线排序问题已经研究清楚，针对不同的情形给出了最优在线算法或最好可能的在线算法. 针对批容量有界情形将在下一节进行介绍.

4.2 排序问题 $P_m \mid \text{online}, p - \text{batch}, b < \infty, p_j = 1, LK_{(\lambda, \beta)} \mid C_{\max}$

本节研究在 $LK_{(\lambda, \beta)}$ 模型下，工件加工长度相等，批容量有界的平行机在线排序问题. 对情形 $\lambda \geq 1$，$0 \leq \beta < 1$ 给出了问题的下界并设计了在线算法，并分析了算法的竞争比.

我们先给出问题的下界.

定理 4.2.1 对于排序问题 $P_m \mid \text{online}, p - \text{batch}, b < \infty, p_j = 1, LK_{(\lambda, \beta)} \mid C_{\max}$，当 $\lambda \geq 1$，$0 \leq \beta < 1$ 时，任何在线算法的竞争比不会小于 $1 + \alpha$，其中 α 为方程

$$\lambda \alpha^2 + (\lambda + \beta)\alpha + \beta - 1 = 0$$

的正根.

证明：令 H 为任意在线算法，ε 为任意小的正数. 利用对手法证明.

假设在时刻 $r_1 = 0$ 处，第一个工件 J_1 到达，且算法 H 在时刻 S 处加工 J_1.

若 $S \geq \alpha$，则没有其他工件到达，此时有

$$C_{\max}(\sigma) = S + 1 \geq 1 + \alpha \geq (1 + \alpha) C_{\max}(\pi)$$

若 $S < \alpha$，则有 $(m-1)b+1$ 个工件在时刻 $r_2 = \lambda S + \beta + \varepsilon$ 处到达. 由于在时刻 r_2 处只有 $m-1$ 个机器空闲，至少有一个工件的开工时间大于或等于 $S+1$，即有某个工件的完工时间大于或等于 $S+2$. 从而有

$$C_{\max}(\sigma) \geqslant S + 2$$

接下来给出一可行排序，所有的工件生成 m 个批，每个批均在 r_2 时刻开工，这样有

$$C_{\max}(\pi) \leqslant r_2 + 1 = \lambda S + \beta + \varepsilon + 1$$

由假设 $S < \alpha$，当 $\varepsilon \to 0$ 时，可得

$$\frac{C_{\max}(\sigma)}{C_{\max}(\pi)} \geqslant \frac{S+2}{\lambda S + \beta + \varepsilon + 1} \to \frac{S+2}{\lambda S + \beta + 1} > \frac{\alpha+2}{\lambda \alpha + \beta + 1} = 1 + \alpha$$

证毕.

接下来，对排序问题 $P_m | online, p-batch, b < \infty, p_j = 1, LK_{(\lambda, \beta)} | C_{\max}$，在 $\lambda \geqslant 1, 0 \leqslant \beta < 1$ 时设计一个在线算法，记为 $H^b(\lambda, \beta)$.

准备：在任意时刻 t，若 $U(t) \neq \varnothing$，则将 $U(t)$ 中工件按照先到先加工（ERD）的次序进行标记. 令 $U^*(t)$ 表示按照（ERD）次序最前面的 $\min\{|U(t)|, mb\}$ 个工件. 令 $u^*(t) = \lceil |U^*(t)|/b \rceil$，则在任何时刻 t，$u^*(t) \leqslant m$. 称 $U^*(t)$ 的水平为 t. $U^*(t)$ 可以划分成 $u^*(t)$ 个批. 若 $|U^*(t)| = mb$，则称 $U^*(t)$ 是一个满水平. 令 $r(t)$ 表示 $U(t)$ 中最晚工件的到达时间.

令 α 为方程 $\lambda \alpha^2 + (\lambda + \beta)\alpha + \beta - 1 = 0$ 的正根.

算法 $H^b(\lambda, \beta)$：在时刻 t 处，若所有的 m 个机器是空闲的，且 $U(t) \neq \varnothing$，则若 $|U(t)| \geqslant mb$ 或 $|U(t)| < mb$，$t \geqslant r(t) + \alpha$，$U(t, \lambda, \beta) = \varnothing$，则将 $U^*(t)$ 中工件生成 $u^*(t)$ 个批在时刻 t 处开工；否则等待.

针对算法 $H^b(\lambda, \beta)$，我们给出以下 4 点说明：

其一，若 $U^*(t)$ 水平为 t，则没有任何其他批在时间区间 $(t, t+1]$ 内开工.

其二，若 $U^*(t)$ 是 t 时刻满水平的，则要么 $t = 0$，要么在 t 时刻之前

的很小一个时间区间内，所有机器都是空闲.

其三，若 $U^*(t)$ 不是 t 时刻满水平的，则必有 $t \geqslant r(t) + \alpha$ 且 $U(t, \lambda, \beta) = \varnothing$. 进一步讲，若在 t 时刻之前很小的一个区间内，机器有空闲，则 $t = r(t) + \alpha$.

其四，若 J_i，J_j 为两个工件，满足 $r_i < r_j$，则这两个工件加工时间符合先到先加工原则.

接下来分析算法 $H^b(\lambda, \beta)$ 的竞争比.

定理 4.2.2 对于排序问题 $P_m | \text{online}, p - \text{batch}, b < \infty, p_j = 1,$ $LK_{(\lambda, \beta)} | C_{\max}$，算法 $H^b(\lambda, \beta)$ 的竞争比不超过 $\max\{1 + \alpha, 1 + \dfrac{1}{2}\}$.

证明：假设由算法生成的连续加工的最后的水平为 L_0，L_1，$\cdots$，L_k. 这些水平中生成的批在机器上加工，批与批之间没有空闲. 令 s_j，$0 \leqslant j \leqslant k$ 为水平 L_j 的开工时间，满足 $s_0 < s_1 < \cdots < s_k$. 由算法构造，不难看出，对任意的 j，$1 \leqslant j \leqslant k$，有

$$s_j = s_{j-1} + 1, \quad U^*(s_j) = L_j$$

进一步地，若 $s_0 = 0$，则 L_0 是一个满水平；若 $s_0 > 0$，则在 s_0 之前很小一段时间区间内，所有机器都是空闲的. 令 J_j 为水平 L_j 中最晚到达的工件，其到达时间为 r_j. 这样，r_k 为所有工件中最晚到达工件的到达时间.

若 $k = 0$，则由其一和其二知，$s_0 \leqslant r_0 + \alpha$，这样有

$$C_{\max}(\sigma) = s_0 + 1 \leqslant r_0 + \alpha + 1 \leqslant C_{\max}(\pi) + \alpha \leqslant (1 + \alpha) C_{\max}(\pi)$$

接下来讨论 $k \geqslant 1$ 的情形.

若所有的水平 L_0，L_1，$\cdots$，L_k 都是满的，则由其二和其四得

$$C_{\max}(\sigma) = C_{\max}(\pi)$$

这是因为在集合 $J_0 \bigcup_{1 \leqslant j \leqslant k} L_j$ 中的 $kmb + 1$ 个工件到达时刻一定不小于 s_0. 接下来假设水平 L_0，L_1，$\cdots$，L_k 中至少有一个是非满的. 令 L_l 为那个最晚加工的水平，由算法构造知，$s_l \geqslant r_l + \alpha$.

若 $l < k$，则 L_{l+1}，$\cdots$，L_k 为满的. 由其三知，$U(s_l, \lambda, \beta) = \varnothing$，这样集合 $\bigcup_{l+1 \leqslant j \leqslant k} L_j$ 中的工件到达时间必大于 $\lambda s_l + \beta$. 从而必有

$$C_{\max}(\pi) > \lambda s_l + \beta + k - l$$

由于
$$C_{\max}(\sigma) > s_l + k - l + 1$$
则
$$\frac{C_{\max}(\sigma)}{C_{\max}(\pi)} \leqslant \frac{s_l + k - l + 1}{\lambda s_l + \beta + k - l} = 1 + \frac{(1 - \lambda)s_l + 1 - \beta}{\lambda s_l + \beta + k - l}$$

由于 $\lambda \geqslant 1$, $0 \leqslant \beta \leqslant 1$, 不难证明 $\dfrac{(1 - \lambda)s_l + 1 - \beta}{\lambda s_l + \beta + k - l}$ 是关于 s_l 的不增函数, 又由于 $s_l \geqslant r_l + \alpha \geqslant \alpha$, $k - l \geqslant 1$, 可得

$$\frac{C_{\max}(\sigma)}{C_{\max}(\pi)} \leqslant 1 + \frac{(1 - \lambda)\alpha + 1 - \beta}{\lambda\alpha + \beta + 1} = 1 + \alpha$$

上述最后一个等号成立是因 α 满足方程 $\lambda\alpha^2 + (\lambda + \beta)\alpha + \beta - 1 = 0$.

若 $l = k$, 即 L_k 为一个非满的水平. 接下来针对 L_{k-1} 是否满的分情形讨论.

L_{k-1} 是非满的, 由其三知, $U(s_{k-1}, \lambda, \beta) = \varnothing$ 且 $s_{k-1} \geqslant r_{k-1} + \alpha \geqslant \alpha$, $r_k > \lambda s_{k-1} + \beta$.

这样可得
$$C_{\max}(\pi) > \lambda s_{k-1} + \beta + 1$$
进一步地, 则
$$\frac{C_{\max}(\sigma)}{C_{\max}(\pi)} \leqslant \frac{s_{k-1} + 2}{\lambda s_{k-1} + \beta + 1}$$

由于 $\dfrac{s_{k-1} + 2}{\lambda s_{k-1} + \beta + 1}$ 是关于 s_{k-1} 不增的函数, 且 $s_{k-1} \geqslant \alpha$, 可得

$$\frac{C_{\max}(\sigma)}{C_{\max}(\pi)} \leqslant \frac{\alpha + 2}{\lambda\alpha + \beta + 1} = 1 + \alpha$$

L_{k-1} 是满的, 我们用两种情形讨论.

情形 1 $k = 1$ 或 L_0, L_1, $\cdots$, L_{k-2} 是满的. 集合 $J_0 \cup \bigcup_{1 \leqslant j \leqslant k} L_j$ 中所有工件的到达时刻不小于 s_0, 这样 $C_{\max}(\pi) \geqslant s_0 + k$. 因 $C_{\max}(\sigma) = s_0 + k + 1$, 这样有

$$C_{\max}(\sigma) - C_{\max}(\pi) \leqslant 1$$

又因 $C_{\max}(\pi) \geqslant 2$，则

$$C_{\max}(\sigma) \leqslant \frac{3}{2} C_{\max}(\pi)$$

情形 2　$k \geqslant 2$ 且 L_0，L_1，$\cdots$，L_{k-2} 中至少有一个是非满的，令 L_z 为 L_{k-1} 之前最晚开工的非满水平. 则集合 $\cup_{z+1 \leqslant j \leqslant k} L_j$ 中所有工件的到达时间不小于 $\lambda s_z + \beta$，这样有

$$C_{\max}(\pi) > \lambda s_z + \beta + k - z$$

又因

$$C_{\max}(\sigma) > s_z + k - z + 1,$$

可得

$$\frac{C_{\max}(\sigma)}{C_{\max}(\pi)} \leqslant \frac{s_z + k - z + 1}{\lambda s_z + \beta + k - z} = 1 + \frac{(1 - \lambda) s_z + 1 - \beta}{\lambda s_z + \beta + k - z}$$

由于 $\dfrac{(1 - \lambda) s_z + 1 - \beta}{\lambda s_z + \beta + k - z}$ 是关于 s_z 的不增函数且 $s_z \geqslant r_z + \alpha \geqslant \alpha$，$k - z \geqslant 2 > 1$，这样可得

$$\frac{C_{\max}(\sigma)}{C_{\max}(\pi)} \leqslant 1 + \frac{(1 - \lambda) \alpha + 1 - \beta}{\lambda \alpha + \beta + 1} = 1 + \alpha$$

证毕.

由于 α 为方程 $\lambda \alpha^2 + (\lambda + \beta) \alpha + \beta - 1 = 0$ 的正根，且 α 关于 λ，β 非增. 当 $1 \leqslant \lambda < \dfrac{4}{3}$，$0 \leqslant \beta \leqslant \dfrac{4 - 3\lambda}{6}$ 时，$\alpha \geqslant \dfrac{1}{2}$，则由定理 4.2.2 可得推论 4.2.3.

推论 4.2.3　当 $1 \leqslant \lambda < \dfrac{4}{3}$，$0 \leqslant \beta \leqslant \dfrac{4 - 3\lambda}{6}$ 时，对于排序问题

$$P_m \,|\, online, \ p - batch, \ b < \infty, \ p_j = 1, \ LK_{(\lambda, \beta)} \,|\, C_{\max}$$

算法 $H^b(\lambda, \beta)$ 是最好可能的在线算法.

4.3 排序问题 $P_m \mid \text{online}, \ p - \text{batch}, \ b = \infty,$

$LK_{(\lambda, \beta)} \mid C_{\max}$

4.1节和4.2节讨论了工件加工长度相等且都为1的相关排序问题的一些算法设计和分析,如果没有工件加工长度相等这个假设,问题难度会复杂得多.本节讨论一种特殊情形,即工件加工长度按照递增序到达,并给出了一些结果.

先考虑单机情形,$1 \mid \text{online}, \ p - \text{batch}, \ b = \infty, \ LK_{(\lambda, \beta)} \mid C_{\max}$,考虑工件加工长度满足条件 $p_1 \leqslant p_2 \leqslant \cdots \leqslant p_n \leqslant 1$,且 $\lambda > 1$,$0 < \beta < \dfrac{\lambda - 1}{\lambda^m - 1}$,同时在定理4.1.2给出一个问题的下界 $1 + \alpha_m$,其中 α_m 为方程

$$(1 + \alpha_m)^{m+1} \lambda^m + (1 + \beta - \lambda) \sum_{i=1}^{m} (1 + \alpha_m)^i \lambda^{i-1} = 2 + \alpha_m$$

的正根,在单机情形,$m = 1$,上述方程变为

$$\lambda \alpha^2 + (\lambda + \beta)\alpha + \beta = 1$$

则得到下界 $1 + \alpha_1$.此下界也是我们讨论的单机问题工件加工长度按照递增序到达的下界.接下来关于此排序问题,我们给出在线算法 H_7.令 $U(t)$ 为 t 时刻处已经到达但还未被加工的工件,$U(t, \lambda, \beta)$ 为在时间区间 $(t, \lambda t + \beta]$ 中到达的工件集.$p(t)$,$r(t)$ 分别为 $U(t)$ 中最晚到达工件的加工长度和到达时间.

算法 H_7:在任意时刻 t,若机器空闲,且 $U(t) \neq \varnothing$,$t \geqslant (1 + \alpha_1)r(t) + \alpha_1 p(t)$,$U(t, \lambda, \beta) = \varnothing$,则将 $U(t)$ 作为一个批在该时刻加工;否则等待.

接下来分析算法 H_7 的竞争比.

定理4.3.1 对于排序问题 $1 \mid \text{online}, \ p - \text{batch}, \ b = \infty, \ LK_{(\lambda, \beta)} \mid$

$C_{\max}$,当 $\lambda > 1$,$0 < \beta < \dfrac{\lambda - 1}{\lambda^m - 1}$,且 $p_1 \leqslant p_2 \leqslant \cdots \leqslant p_n \leqslant 1$ 时,算法 H_7 的

竞争比为 $1 + \alpha_1$，为最好可能的在线算法.

证明：对任意符合条件的实例 I，令批 B_1，B_2，$\cdots$，B_k 为由算法 H_7 生成的最后连续加工的批，其开工时间为 S_j，$1 \leqslant j \leqslant k$，满足 $S_1 < S_2 < \cdots < S_k$. 令 J_j 为批 B_j 中最晚到达的工件，其到达时间和开工时间分别为 r_j，p_j. 由算法构造知

$$S_1 = (1 + \alpha_1) r_1 + \alpha_1 p_1$$

接下来分三种情形分别进行讨论.

情形 1　$k = 1$，则 $C_{\max}(\sigma) = S_1 + p_1 = (1 + \alpha_1)(r_1 + p_1) \leqslant (1 + \alpha_1) C_{\max}(\pi)$.

情形 2　$k = 2$，则 $C_{\max}(\sigma) = S_1 + p_1 + p_2 = (1 + \alpha_1) p_1 + p_2$.

若在最优排序 π 中，工件 J_1，J_2 在不同的批加工，则 $C_{\max}(\pi) \geqslant r_1 + p_1 + p_2$，则有

$$\frac{C_{\max}(\sigma)}{C_{\max}(\pi)} \leqslant \frac{(1 + \alpha_1)(r_1 + p_1) + p_2}{r_1 + p_1 + p_2} \leqslant 1 + \alpha_1$$

若在最优排序 π 中，工件 J_1，J_2 在同一批加工，则 $C_{\max}(\pi) \geqslant r_2 + p_2$ 且

$$r_2 > \lambda S_1 + \beta = \lambda(1 + \alpha_1) r_1 + \lambda \alpha_1 p_1 + \beta$$

这样有

$$\begin{aligned}
\frac{C_{\max}(\sigma)}{C_{\max}(\pi)} &= \frac{S_1 + p_1 + p_2}{r_2 + p_2} \\
&= \frac{(1 + \alpha_1) r_1 + \alpha_1 p_1 + p_1 + p_2}{r_2 + p_2} \\
&< \frac{(1 + \alpha_1) r_1 + p_1 + (1 + \alpha_1) p_2}{\lambda(1 + \alpha_1) r_1 + \lambda \alpha_1 p_1 + \beta + p_2} \\
&\leqslant 1 + \alpha_1
\end{aligned}$$

上述推导中最后一个不等式是由 α_1 满足方程 $\lambda \alpha^2 + (\lambda + \beta)\alpha + \beta = 1$ 且 $p_j \leqslant 1$ 得到.

情形 3　$k \geqslant 3$. 此时有 $C_{\max}(\sigma) = S_1 + p_1 + \cdots + p_k$ 且 $C_{\max}(\pi) \geqslant r_k + p_k$. 由算法知，对任意的 i，$2 \leqslant i \leqslant k$，有

$$r_i > \lambda S_{i-1} + \beta \geqslant \lambda \left[(1 + \alpha_1) r_{i-1} + \alpha_1 p_{i-1} \right] + \beta$$
$$= \lambda (1 + \alpha_1) r_{i-1} + \lambda \alpha_1 p_{i-1} + \beta$$

且

$$C_{\max}(\pi) \geqslant r_k + p_k$$
$$\geqslant \lambda (1 + \alpha_1) r_{k-1} + \lambda \alpha_1 p_{k-1} + \beta + p_k$$
$$\geqslant \lambda (1 + \alpha_1) \left[\lambda (1 + \alpha_1) r_{k-2} + \lambda \alpha_1 p_{k-2} + \beta \right] + \lambda \alpha_1 p_{k-1} + \beta + p_k$$
$$= \lambda^2 (^1 + \alpha_1) 2 r_{k-2} + \lambda^2 (1 + \alpha_1) \alpha_1 p_{k-2} +$$
$$\lambda \alpha_1 p_{k-1} + p_k + \lambda (1 + \alpha_1) \beta + \beta$$

将上述过程继续进行,最终可得如下结果:

$$C_{\max}(\pi) > \lambda^{k-1} (1 + \alpha_1)^{k-1} r_1 + \lambda^{k-1} (1 + \alpha_1)^{k-2} \alpha_1 p_1 +$$
$$\lambda^{k-2} (1 + \alpha_1)^{k-3} \alpha_1 p_2 + \cdots$$
$$\lambda \alpha_1 p_{k-1} + p_k + \lambda^{k-2} (1 + \alpha_1)^{k-2} \beta + \lambda^{k-3} (1 + \alpha_1)^{k-3} \beta + \cdots +$$
$$\lambda^2 (1 + \alpha_1)^2 \beta + \lambda (1 + \alpha_1) \beta + \beta$$

将上述不等式两端乘以 $1 + \alpha_1$ 可得

$$(1 + \alpha_1) C_{\max}(\pi) > \lambda^{k-1} (^1 + \alpha_1) k r_1 + \lambda^{k-1} (1 + \alpha_1)^{k-1} \alpha_1 p_1 +$$
$$\lambda^{k-2} (1 + \alpha_1)^{k-2} \alpha_1 p_2 + \cdots +$$
$$\lambda \alpha_1 (1 + \alpha_1) p_{k-1} + (1 + \alpha_1) p_k +$$
$$\lambda^{k-2} (1 + \alpha_1)^{k-1} \beta + \lambda^{k-3} (1 + \alpha_1)^{k-2} \beta + \cdots +$$
$$\lambda^2 (1 + \alpha_1)^3 \beta + \lambda (1 + \alpha_1)^2 \beta + (1 + \alpha_1) \beta$$

由于所有工件的加工长度不超过 1,则上述不等式可进一步整理为

$$(1 + \alpha_1) C_{\max}(\pi) > \lambda^{k-1} (1 + \alpha_1)^k r_1 + \lambda^{k-1} (1 + \alpha_1)^{k-1} \alpha_1 p_1 +$$
$$\lambda^{k-2} (1 + \alpha_1)^{k-2} \alpha_1 p_2 + \cdots + \lambda \alpha_1 (1 + \alpha_1) p_{k-1} +$$
$$(1 + \alpha_1) p_k + \lambda^{k-2} (1 + \alpha_1)^{k-1} \beta p_1 +$$
$$\lambda^{k-3} (1 + \alpha_1)^{k-2} \beta p_2 + \cdots + \lambda (1 + \alpha_1)^2 \beta p_{k-2} +$$
$$(1 + \alpha_1) \beta p_{k-1} > (1 + \alpha_1) r_1 +$$
$$\lambda^{k-2} (1 + \alpha_1)^{k-2} \left[\lambda \alpha_1 (1 + \alpha_1) + (1 + \alpha_1) \beta \right] p_1 +$$
$$\lambda^{k-3} (1 + \alpha_1)^{k-3} \left[\lambda \alpha_1 (1 + \alpha_1) + (1 + \alpha_1) \beta \right] p_2 + \cdots +$$
$$\left[\lambda \alpha_1 (1 + \alpha_1) + (1 + \alpha_1) \beta \right] p_{k-1} + p_k$$

$$= S_1 + p_1 + \cdots + p_k$$
$$= C_{\max}(\sigma)$$

上述最后一个不等式是由于 α_1 满足方程 $\lambda\alpha^2 + (\lambda + \beta)\alpha + \beta = 1$ 且 $\lambda \geqslant 1$, $k \geqslant 3$，这样我们有 $\dfrac{C_{\max}(\sigma)}{C_{\max}(\pi)} < 1 + \alpha_1$. 定理证毕.

接下来讨论 m 台平行机情形. 先给出如下定理，该定理给出了问题

$$P_m \mid \text{online}, \quad p - \text{batch}, \quad b = \infty, \quad LK_{(\lambda, \beta)} \mid C_{\max}$$

的下界.

定理 4.3.2　对于排序问题 $P_m \mid \text{online}$, $p - \text{batch}$, $b = \infty$, $LK_{(\lambda, \beta)} \mid C_{\max}$，任何在线算法的竞争比不会小于 $1 + \alpha$，其中 α 为方程

$$\lambda\alpha^2 + (\lambda + \cdots + \lambda^m + \beta)\alpha + (2 + \lambda + \cdots + \lambda^{m-1})\beta = 1$$

的正根.

证明：令 H 为任意在线算法, ε 为任意小的正数. 对手法准备了 $m + 1$ 个工件 $J_1, J_2, \cdots, J_{m+1}$，根据不同情形对手法再决定有哪些工件到达. 在时刻 $t = 0$，第一个工件 J_1 到达，其加工长度为 1. 在 J_1 开工前的任何时刻 t，都没有其他工件在时间区间 $(t, \lambda t + \beta]$ 内到达. 假设算法 H 安排工件 J_1 作为一个单独的批在时刻 S_1 处开工. 若 $S_1 \geqslant \alpha$，则没有其余工件到达，此时有 $C_{\max}(\sigma) \geqslant S_1 + p_1 \geqslant \alpha + 1 \geqslant (1 + \alpha)C_{\max}(\pi)$. 接下来假设 $S_1 \leqslant \alpha$.

一般地，若工件 $J_1, \cdots, J_i (1 \leqslant i \leqslant m)$ 已经到达，其到达时间和开工时间分别为 r_j, S_j, $1 \leqslant j \leqslant i$，满足 $r_1 < r_2 < \cdots < r_i$, $S_1 < S_2 < \cdots < S_i$. 工件 J_j, $(2 \leqslant j \leqslant i)$ 的加工时间 p_j 和到达时间 r_j 分别为

$$p_j = 1 - (\lambda S_{j-1} + \beta), \quad r_j = \lambda S_{j-1} + \beta + \varepsilon$$

若 $S_i - \lambda S_{i-1} \geqslant \alpha + \beta$，则没有其余工件到达，此时有

$$C_{\max}(\sigma) \geqslant S_i + p_i \geqslant \lambda S_{i-1} + \alpha + \beta + 1 - (\lambda S_{i-1} + \beta) = 1 + \alpha$$

而在最优排序 π 中，可将工件 $J_1, \cdots, J_i$ 单独作为一个批在某台机器上加工，开工时间为其到达时间，此时有

$$C_{\max}(\pi) \leqslant \max_{1 \leqslant j \leqslant i} \{r_j + p_j\}$$
$$= \max_{2 \leqslant j \leqslant i} \{1, \lambda S_{j-1} + \beta + \varepsilon + 1 - (\lambda S_{j-1} + \beta)\}$$

$$= 1 + \varepsilon$$

这样当 $\varepsilon \to 0$ 时有

$$\frac{C_{\max}(\sigma)}{C_{\max}(\pi)} \geqslant \frac{1 + \alpha}{1 + \varepsilon} \to 1 + \alpha$$

若 $S_i - \lambda S_{i-1} < \alpha + \beta$，则下一个工件 J_{i+1} 到达，其开工时间和加工时间分别为 $p_{i+1} = 1 - (\lambda S_i + \beta)$，$r_{i+1} = \lambda S_i + \beta + \varepsilon$. 假设工件 J_m 到达，则最后一个工件 J_{m+1} 在时刻 $r_{m+1} = \lambda S_m + \beta + \varepsilon$ 处到达，其加工长度为 $p_{m+1} = 1 + \lambda S_1 - (\lambda S_m + \beta)$. 假设工件 J_{m+1} 在加工 J_k，$1 \leqslant k \leqslant m$ 的那台机器上加工，则有

$$C_{\max}(\sigma) \geqslant S_k + p_k + p_{m+1}$$

进一步地，若 $k = 1$，则有

$$C_{\max}(\sigma) \geqslant S_1 + 1 + p_{m+1} = S_1 + 1 + 1 + \lambda S_1 - (\lambda S_m + \beta)$$

若 $2 \leqslant k \leqslant m$，则有

$$C_{\max}(\sigma) \geqslant S_k + 1 - (\lambda S_{k-1} + \beta) + 1 + \lambda S_1 - (\lambda S_m + \beta)$$

接下来给出一个可行排序，工件 J_1，J_2 作为一个批在某台机器上加工，开工时间为 r_2，其余工件分别在剩下的 $m - 1$ 台机器上加工，开工时间分别为其到达时间，这样有

$$C_{\max}(\pi) \leqslant \max(r_2 + 1, \ \max_{3 \leqslant j \leqslant m}\{r_j + p_j\}, \ r_{m+1} + p_{m+1})$$
$$= \max\{\lambda S_1 + \beta + \varepsilon + 1, \ 1 + \varepsilon, \ 1 + \lambda S_1 + \varepsilon\}$$
$$= \lambda S_1 + \beta + \varepsilon + 1$$

由于对任意的 i，$2 \leqslant i \leqslant m$ 有 $S_i < \lambda S_{i-1} + \alpha + \beta$，则有

$$S_i < \lambda(\lambda S_{i-2} + \alpha + \beta) + \alpha + \beta = \lambda^2 S_{i-2} + (1 + \lambda)(\alpha + \beta) < \cdots <$$
$$\lambda^{i-1} S_1 + (1 + \lambda + \cdots + \lambda^{i-2})(\alpha + \beta)$$

类似的推导，对 k，$1 \leqslant k \leqslant m - 1$ 有

$$S_m < \lambda^{m-k} S_k + (1 + \lambda + \cdots + \lambda^{m-k-1})(\alpha + \beta)$$

当 $k = 1$ 时，有

$$C_{\max}(\sigma) - C_{\max}(\pi) > 1 + S_1 - \lambda S_m - 2\beta - \varepsilon$$
$$\geqslant 1 + S_1 - \lambda^m S_1 - (\lambda + \cdots + \lambda^{m-1})(\alpha + \beta) - 2\beta - \varepsilon$$

$$> 1 + (1 - \lambda^m)\alpha - (\lambda + \cdots + \lambda^{m-1})(\alpha + \beta) - 2\beta - \varepsilon$$
$$= 1 + (1 - \lambda - \cdots - \lambda^m)\alpha - (2 + \lambda + \cdots + \lambda^{m-1})\beta - \varepsilon.$$

当 $2 \leqslant k \leqslant m - 1$ 时, 有

$$C_{\max}(\sigma) - C_{\max}(\pi) > 1 + S_k - \lambda S_{k-1} - \lambda S_m - 3\beta - \varepsilon$$
$$> 1 + S_k - [\lambda^{k-1}S_1 + (\lambda + \cdots + \lambda^{k-2})(\alpha + \beta)] -$$
$$\lambda^{m-k+1}S_k - (\lambda + \cdots + \lambda^{m-k})(\alpha + \beta) - 3\beta - \varepsilon$$
$$= 1 - \lambda^{k-1}S_1 + (1 - \lambda^{m-k+1})S_k -$$
$$(\lambda + \cdots + \lambda^{k-2} + \lambda + \cdots + \lambda^{m-k})(\alpha + \beta) - 3\beta - \varepsilon$$
$$> 1 - \lambda^{k-1}S_1 + (1 - \lambda^{m-k+1})[\lambda^{k-1}S_1 +$$
$$(1 + \lambda + \cdots + \lambda^{k-2})(\alpha + \beta)] -$$
$$(\lambda + \cdots + \lambda^{k-2} + \lambda + \cdots + \lambda^{m-k})(\alpha + \beta) - 3\beta - \varepsilon$$
$$= 1 - \lambda^m S_1 + (1 - \lambda - \cdots - \lambda^{m-1})(\alpha + \beta) - 3\beta - \varepsilon$$
$$> 1 - \lambda^m \alpha + (1 - \lambda - \cdots - \lambda^{m-1})(\alpha + \beta) - 3\beta - \varepsilon$$
$$= 1 + (1 - \lambda - \cdots - \lambda^m)\alpha - (2 + \lambda + \cdots + \lambda^{m-1})\beta - \varepsilon.$$

当 $k = m$ 时, 由于 $S_m - \lambda S_{m-1} < \alpha + \beta$, 可得

$$C_{\max}(\sigma) - C_{\max}(\pi) > 1 + S_m - \lambda S_{m-1} - \lambda S_m - 3\beta - \varepsilon$$
$$= 1 + (1 - \lambda)S_m - \lambda S_{m-1} - 3\beta - \varepsilon$$
$$> 1 + (1 - \lambda)(\lambda S_{m-1} + \alpha + \beta) - \lambda S_{m-1} - 3\beta - \varepsilon$$
$$= 1 + (1 - \lambda)(\alpha + \beta) - \lambda^2 S_{m-1} - 3\beta - \varepsilon$$
$$> 1 + (1 - \lambda)(\alpha + \beta) - \lambda^m S_1 - (\lambda^2 + \cdots +$$
$$\lambda^{m-1})(\alpha + \beta) - 3\beta - \varepsilon$$
$$> 1 + (1 - \lambda - \cdots - \lambda^m)\alpha - (2 + \lambda + \cdots +$$
$$\lambda^{m-1})\beta - \varepsilon$$

由上述推导可知在 k 取不同值时, 均有

$$C_{\max}(\sigma) - C_{\max}(\pi) > 1 + (1 - \lambda - \cdots - \lambda^m)\alpha -$$
$$(2 + \lambda + \cdots + \lambda^{m-1})\beta - \varepsilon$$

成立. 由此可得, 当 $\varepsilon \to 0$ 时, 则

$$\frac{C_{\max}(\sigma) - C_{\max}(\pi)}{C_{\max}(\pi)} > \frac{1 + (1 - \lambda - \cdots - \lambda^m)\alpha - (2 + \lambda + \cdots + \lambda^{m-1})\beta - \varepsilon}{\lambda\alpha + \beta + \varepsilon + 1} \to \alpha$$

也即 $C_{\max}(\sigma) > (1 + \alpha)C_{\max}(\pi)$. 定理证毕.

当 $\lambda = 1$, $\beta = 0$ 时, $LK_{(\lambda, \beta)}$ 排序即为无前瞻的排序模型

$$P_m \mid online, \ p - batch, \ b = \infty \mid C_{\max}$$

此时 α 满足方程 $\alpha^2 + m\alpha = 1$, 该结果与 Tian 等（2009）给出的下界吻合, 笔者也给出了关于此排序问题竞争比为 $1 + \alpha$ 的最好可能的在线算法.

接下来对工件加工长度按照递增序到达且 $\beta = 0$ 的情形给出在线算法.

令 $U(t)$ 为在时刻 t 处已经到达但还未加工的工件集, 令 $U(t, \lambda)$ 为在时间区间 $(t, \lambda t]$ 处到达的工件集. 令 $J(t)$ 为 $U(t)$ 中最晚到达的工件, 其到达时间和开工时间分别为 $r(t)$, $p(t)$. 令 α_m 为方程

$$\alpha^2 + (\lambda^m + \lambda^{m-1} + \cdots + \lambda)\alpha = 1$$

的正根.

算法 H_λ^∞: 在任意时刻 t, 若有机器空闲, 且

$$U(t) \neq \varnothing, \ t \geq (1 + \alpha_m)r(t) + \alpha_m p(t), \ U(t, \lambda) = \varnothing$$

则将 $U(t)$ 作为一个单独的批在该空闲机器上加工; 否则等待.

接下来证明算法 H_λ^∞ 的竞争比为 $1 + \alpha_m$. 这里采用最小反例法证明, 令工件集 I 为这样集合, 令 σ 为由算法 H_λ^∞ 作用在工件集 I 上生成的排序, 引用 Nong 等（2008）的引理.

引理 4.3.3 ［参见 Nong 等（2008）］　在不降低 $\dfrac{C_{\max}(\sigma)}{C_{\max}(\pi)}$ 的值的情况下, 假设 σ 中每个批中只有一个工件.

由引理 4.3.3 知, 最小反例中 σ 的每个批中只有一个工件, 假设批 B_i 中的工件为 J_i, 令其到达时间、加工时间、开工时间和完工时间分别为 r_i, p_i, $S_i(\sigma)$, $C_i(\sigma)$. 方便起见, 将这些工件按照开工时间先后顺序进行排序, 满足 $S_1(\sigma) < S_2(\sigma) < \cdots < S_n(\sigma)$. 批 B_i 称为是正则批, 若开工时间 $S_i(\sigma)$ 满足 $S_i(\sigma) = (1 + \alpha_m)r_i + \alpha_m p_i$.

定理 4.3.4 对于最小反例 I 由算法 H_λ^∞ 生成的排序 σ，若 B_i 不是正则批，则在每台机器上 r_i 之前必有一个正则批开工，且其完工时间不会小于 $S_i(\sigma)$。

证明：令 $\alpha = \alpha_m$。若 B_i 不是正则批，由算法知，在时间区间 $[r_i, S_i(\sigma)]$ 之间所有的 m 台机器是忙碌的。对 i 采用数学归纳法。

当 $i \leqslant m+1$ 时，由算法知每个机器上开工的第一个批必为正则批，结论成立。

当 $i > m+1$ 时，假设结论对小于 i 的数 j 成立，且 B_j 不是正则批，有归纳假设，在 r_j 之前每个机器上都有一个正则批开工，且完工时间大于或等于 $S_j(\sigma)$。

由于 B_i 不是正则批，由算法知，在每台机器上 r_i 之前有批开工且完工时间不早于 $S_i(\sigma)$。若这些批中有一个非正则批，不妨设为 B_k，由归纳假设，每台机器上在 r_k 之前有一个正则批开工且完工时间不早于 $S_k(\sigma)$。记这 m 个正则批分别为 $B_{k_1}, B_{k_2}, \cdots, B_{k_m}$，其开工时间满足 $S_{k_1}(\sigma) < S_{k_2}(\sigma) < \cdots < S_{k_m}(\sigma)$，且对任意的 $j(1 \leqslant j \leqslant m)$，有

$$S_{k_j}(\sigma) + p_{k_j} \geqslant S_k(\sigma) > (1+\alpha)r_k + \alpha p_k > (1+\alpha)\lambda S_{k_j}(\sigma) + \alpha p_k$$

成立。

由算法 H_λ^∞ 知，批 B_{k_j} 中工件的到达时间大于 $\lambda S_{k_{j-1}}(\sigma)$，对任意的 $j(2 \leqslant j \leqslant m)$，有

$$S_{k_j}(\sigma) = (1+\alpha)r_{k_j} + \alpha p_{k_j} > \lambda(1+\alpha)S_{k_{j-1}}(\sigma) + \alpha p_{k_j}$$

$$(1+\alpha)S_{k_j}(\sigma) = S_{k_j}(\sigma) + \alpha S_{k_j}(\sigma)$$

$$> \lambda(1+\alpha)S_{k_{j-1}}(\sigma) + \alpha p_{k_j} + \alpha S_{k_j}(\sigma)$$

$$\geqslant \lambda(1+\alpha)S_{k_{j-1}}(\sigma) + \alpha S_k(\sigma)$$

成立。

由于 B_k 不是正则批，可得

$$S_k(\sigma) > (1+\alpha)r_k + \alpha p_k$$

$$> \lambda(1+\alpha)S_{k_m}(\sigma) + \alpha p_k$$

$$> \lambda[\lambda(1+\alpha)S_{k_{m-1}}(\sigma) + \alpha S_k(\sigma)] + \alpha p_k$$

$$> \lambda^2 \big[\lambda(1+\alpha) S_{k_{m-2}}(\sigma) + \alpha S_k(\sigma) \big] + \lambda\alpha S_k(\sigma) + \alpha p_k$$

$$> \cdots$$

$$> \lambda^m (1+\alpha) S_{k_1}(\sigma) + (\lambda^{m-1} + \cdots + \lambda)\alpha S_k(\sigma) + \alpha p_k$$

由上述推导可得

$$S_k(\sigma) > \lambda^m (1+\alpha) S_{k_1}(\sigma) + (\lambda^{m-1} + \cdots + \lambda)\alpha S_k(\sigma) + \alpha p_k$$

由于批 B_i 不是正则批, 则 $S_i(\sigma) \le S_k(\sigma) + p_k$. 由算法可知

$$S_i(\sigma) > (1+\alpha) r_i + \alpha p_i > \lambda(1+\alpha) S_k(\sigma) > (1+\alpha) S_k(\sigma)$$

由此可得 $p_k > \alpha S_k(\sigma)$, 这样有

$$S_k(\sigma) > \lambda^m (1+\alpha) S_{k_1}(\sigma) + (\lambda^{m-1} + \cdots + \lambda)\alpha S_k(\sigma) + \alpha^2 S_k(\sigma)$$

进一步可得

$$S_{k_1}(\sigma) + p_{k_1} \ge S_k(\sigma) > \frac{\lambda^m (1+\alpha)}{1 - (\lambda^{m-1} + \cdots + \lambda)\alpha - \alpha^2} S_{k_1}(\sigma)$$

从而有

$$p_{k_1} > \Big[\frac{\lambda^m (1+\alpha)}{1 - (\lambda^{m-1} + \cdots + \lambda)\alpha - \alpha^2} - 1 \Big] S_{k_1}(\sigma) = \frac{1}{\alpha} S_{k_1}(\sigma)$$

上述最后一个等号成立是由于 α 满足方程 $\alpha^2 + (\lambda^m + \cdots + \lambda)\alpha = 1$, 从而与 $S_{k_1}(\sigma) \ge \alpha p_{k_1}$ 矛盾, 定理得证.

令 B_l 表示在排序 σ 中第一个完工时间为 $C_{\max}(\sigma)$ 的批. 在最小反例 I 的排序 σ 中, 若批 B_l 是正则批, 则 $C_{\max}(\sigma) = (1 + \alpha_m)(r_l + p_l) \le (1 + \alpha_m) C_{\max}(\pi)$, 与最小反例的选择矛盾, 这样批 B_l 不是正则批.

引理 4.3.5 [参见 Liu 等 (2012)]　在最小反例 I 的排序 σ 中, 只有 $m + 1$ 个批, 且 $C_{\max}(\sigma) = C_{m+1}(\sigma)$.

定理 4.3.6　算法 H_λ^∞ 的竞争比为 $1 + \alpha_m$, 其中 α_m 为方程 $\alpha^2 + (\lambda^m + \cdots + \lambda)\alpha = 1$ 的正根.

证明: 为简单起见, 令 $\alpha = \alpha_m$. 反证法, 假设存在实例, 由算法 H_λ^∞ 生成的排序 σ 满足 $C_{\max}(\sigma) > (1 + \alpha) C_{\max}(\pi)$, 则一定工件个数最少的实例 I. 由引理 4.3.3 和引理 4.3.5 知, 实例 I 由算法 H_λ^∞ 生成的批的个数恰好为 $m + 1$, 且每个批中只有一个工件. 记这 $m + 1$ 个批分别为 B_1, B_2, $\cdots$, B_{m+1}, 其开工时间满足 $S_1(\sigma) < S_2(\sigma) < \cdots < S_{m+1}(\sigma)$, 且批 B_{m+1} 不是正

则批，且 $C_{max}(\sigma) = C_{m+1}(\sigma)$.

由于批 B_{m+1} 不是正则批，由定理 4.3.4 知，在每台机器上，r_{m+1} 时刻之前必有一个正则批开工，且其完工时间不小于 $S_{m+1}(\sigma)$，这些批即为批 B_1，B_2，$\cdots$，B_m. 接下来将证明

$$S_m(\sigma) > \frac{\lambda^{m-1} + \cdots + \lambda + 1}{1 + \alpha} p_{m+1}$$

由于批 B_{m+1} 不是正则批，对于任意的 $j(1 \le j \le m)$，有

$$S_j(\sigma) + p_j \ge S_{m+1}(\sigma)$$

且由算法知，$S_1(\sigma) \ge \alpha p_1$，从而，$S_1(\sigma) + p_1 \le \frac{\alpha + 1}{\alpha} S_1(\sigma)$，这样有

$$S_1(\sigma) \ge \frac{\alpha}{1 + \alpha} [S_1(\sigma) + p_1] \ge \frac{\alpha}{1 + \alpha} S_{m+1}(\sigma)$$

且对任意的 $j(2 \le j \le m)$，有

$$S_j(\sigma) \ge (1 + \alpha) r_j + \alpha p_j > (1 + \alpha)\lambda S_{j-1}(\sigma) + \alpha [S_{m+1}(\sigma) - S_j(\sigma)]$$

这样，对任意的 $j(2 \le j \le m)$，有

$$S_j(\sigma) > \lambda S_{j-1}(\sigma) + \frac{\alpha}{1 + \alpha} S_{m+1}(\sigma)$$

成立.

由于 $S_2(\sigma) > \lambda S_1(\sigma) + \frac{\alpha}{1 + \alpha} S_{m+1}(\sigma)$ 且 $S_3(\sigma) > \lambda S_2(\sigma) +$

$\frac{\alpha}{1 + \alpha} S_{m+1}(\sigma)$，可得

$$S_3(\sigma) > \lambda^2 S_1(\sigma) + (\lambda + 1) \frac{\alpha}{1 + \alpha} S_{m+1}(\sigma)$$

又由于 $S_4(\sigma) > \lambda S_3(\sigma) + \frac{\alpha}{1 + \alpha} S_{m+1}(\sigma)$，可得

$$S_4(\sigma) > \lambda^3 S_1(\sigma) + (\lambda^2 + \lambda + 1) \frac{\alpha}{1 + \alpha} S_{m+1}(\sigma)$$

将上述过程继续，最终可得

$$S_m(\sigma) > \lambda^{m-1} S_1(\sigma) + (\lambda^{m-2} + \cdots + \lambda + 1) \frac{\alpha}{1 + \alpha} S_{m+1}(\sigma)$$

由前面推导可得

$$S_m(\sigma) > (\lambda^{m-1} + \cdots + \lambda + 1) \frac{\alpha}{1 + \alpha} S_{m+1}(\sigma)$$

由于 $S_{m+1}(\sigma) > (1 + \alpha)\lambda S_m(\sigma) + \alpha p_{m+1}$，可得

$$S_m(\sigma) > (\lambda^{m-1} + \cdots + \lambda + 1) \frac{\alpha}{1 + \alpha} [(1 + \alpha)\lambda S_m(\sigma) + \alpha p_{m+1}]$$

这样有

$$S_m(\sigma) > \frac{\alpha^2(\lambda^{m-1} + \cdots + \lambda + 1)}{(1 + \alpha)[1 - \alpha(\lambda^m + \cdots + \lambda)]} p_{m+1} = \frac{\lambda^{m-1} + \cdots + \lambda + 1}{1 + \alpha} p_{m+1}$$

接下来，考虑这 $m + 1$ 个工件的一个最优排序 π 并证明前面给出的反例根本不存在. 由于所有工件的加工长度满足 $p_1 \leqslant p_2 \leqslant \cdots \leqslant p_{m+1}$ 且批容量无界，可将所有工件作为一个批在时刻 r_{m+1} 处开工，这样有 $C_{\max}(\pi) = r_{m+1} + p_{m+1}$，又由于

$$C_{\max}(\sigma) \leqslant S_i(\sigma) + p_i + p_{m+1}, \quad r_{m+1} > \lambda S_i(\sigma) > S_i(\sigma)$$

对任意的 $i(1 \leqslant i \leqslant m)$，可得

$$C_{\max}(\sigma) - C_{\max}(\pi) < p_i \leqslant p_{m+1}$$

进一步地，有前面不等式和 $C_{\max}(\pi) > \lambda S_m(\sigma) + p_{m+1}$，可得

$$\frac{C_{\max}(\sigma) - C_{\max}(\pi)}{C_{\max}(\pi)} < \frac{p_{m+1}}{\lambda S_m(\sigma) + p_{m+1}} < \frac{1}{\lambda \frac{\lambda^{m-1} + \cdots + \lambda + 1}{1 + \alpha} + 1} = \alpha$$

即

$$C_{\max}(\sigma) < (1 + \alpha)C_{\max}(\pi)$$

从而反例不存在，定理证毕.

4.4 关于优化目标为 $F_{\max}$ 的一些结果

本节仅给出关于优化目标为 $F_{\max}$ 的一些结果.

定理 4.4.1 对于排序问题 $P_m | \text{online}, p - \text{batch}, b = \infty, p_j = 1,$

$LK_{(\lambda,\ \beta)}|F_{max}$，当 $\lambda = 1$，$0 \leqslant \beta < \dfrac{1}{m+1}$ 时，任何在线算法的竞争比不会小于 $1 + \alpha_m$，其中 α_m 为方程 $\alpha_m^2 + (m + \beta + 1)\alpha_m + (m+1)\beta = 1$ 的正根.

证明：为简单起见，令 $\alpha = \alpha_m$. 假设 H 为任意在线算法，ε 为任意小的正数. 证明采用对手法. 对手法准备了 $m+1$ 个加工长度为 1 的工件. 第一个工件 J_1 在时刻 $r_1 = 0$ 处到达. 假设算法 H 在时刻 S_1 处加工工件 J_1.

若 $S_1 \geqslant \alpha$，则没有其他工件到达. 此时

$$F_{max}(\sigma) \geqslant 1 + \alpha \geqslant (1 + \alpha)F_{max}(\pi)$$

接下来假设 $S_1 < \alpha$.

若工件 $J_1, \cdots, J_i$，$1 \leqslant i \leqslant m - 1$ 已经到达，工件 J_i 的到达时间和开工时间分别为 r_i，S_i. 下一个工件 J_{i+1} 在时刻 $r_{i+1} = S_i + \beta + \varepsilon$ 处到达. 此过程继续直至工件 J_m 到达且其开工时间为 S_m.

若存在某个 i，$2 \leqslant i \leqslant m$，使得 $S_i - S_{i-1} \geqslant \alpha + \beta$，则工件 J_{m+1} 不会到达. 此时在最优排序中可将 m 个工件分别在 m 台机器上加工，开工时间为其到达时间，则有 $F_{max}(\pi) = 1$. 而对于在线算法 H，则有

$$F_{max}(\sigma) \geqslant F_i(\sigma) = S_i + 1 - r_i = S_i + 1 - (S_{i-1} + \beta + \varepsilon) \geqslant 1 + \alpha - \varepsilon$$

进而当 $\varepsilon \to 0$ 时，有

$$\frac{F_{max}(\sigma)}{F_{max}(\pi)} \geqslant 1 + \alpha - \varepsilon \to 1 + \alpha$$

若对任意的 i，$2 \leqslant i \leqslant m$，都有 $S_i - S_{i-1} < \alpha + \beta$，则最后一个工件 J_{m+1} 在时刻 $r_{m+1} = S_m + \beta + \varepsilon$ 处到达. 则当 $\varepsilon \to 0$ 时，有

$$r_{m+1} - S_1 = S_m + \beta + \varepsilon - S_1$$

$$= \sum_{i=2}^{m} (S_i - S_{i-1}) + \beta + \varepsilon$$

$$< (m-1)(\alpha + \beta) + \beta + \varepsilon$$

$$\leqslant (m-1)\alpha + m\beta < 1$$

最后一个不等式成立是由于 α 满足方程 $\alpha^2 + (m+\beta+1)\alpha + (m+1)\beta = 1$，则 $(m-1)\alpha + m\beta = 1 - \alpha^2 - (\beta+2)\alpha - \beta < 1$.

由上述推导可知，在时刻 r_{m+1} 所有的 m 台机器正在忙碌，则 J_{m+1} 的最早开工时间为 $S_1 + 1$，从而有

$$
\begin{aligned}
F_{\max}(\sigma) &\geqslant F_{m+1}(\sigma) = S_{m+1} + 1 - r_{m+1} \\
&\geqslant S_1 + 1 + 1 - (S_m + \beta + \varepsilon) \\
&= S_1 - S_m + 2 - \beta - \varepsilon \\
&= -\sum_{i=2}^{m} (S_i - S_{i-1}) + 2 - \beta - \varepsilon \\
&> -(m-1)(\alpha + \beta) + 2 - \beta - \varepsilon
\end{aligned}
$$

接下来，我们给出一个可行排序 π'，在排序 π' 中，工件 J_1, J_2 作为一批在时刻 r_2 处开工，其余的 $m-1$ 个工件分别作为单独的批在剩下的 $m-1$ 台机器上开工，开工时间分别为其到达时刻. 这样我们有

$$
F_{\max}(\pi) \leqslant F_{\max}(\pi') = r_2 + 1 - r_1 = S_1 + \beta + \varepsilon + 1 < \alpha + \beta + \varepsilon + 1
$$

且当 $\varepsilon \to 0$ 时，有

$$
\begin{aligned}
\frac{F_{\max}(\sigma)}{F_{\max}(\pi)} &> \frac{-(m-1)(\alpha + \beta) + 2 - \beta - \varepsilon}{\alpha + \beta + 1 + \varepsilon} \to \frac{-(m-1)(\alpha + \beta) + 2 - \beta}{\alpha + \beta + 1 + \varepsilon} \\
&= \frac{\alpha^2 + (\beta + 2)\alpha + \beta + 1}{\alpha + \beta + 1} \\
&= 1 + \alpha
\end{aligned}
$$

定理证毕.

定理 4.4.2　对于排序问题 $P_m \mid online,\ p-batch,\ b = \infty,\ p_j = 1,$

$LK_{(\lambda,\ \beta)} \mid F_{\max}$，当 $\lambda > 1,\ 0 \leqslant \beta < \dfrac{\lambda - 1}{\lambda^m + \lambda - 2}$ 时，任何在线算法的竞争比

不会小于 $1 + \gamma_m$，其中 γ_m 为方程 $\lambda \gamma_m^2 + \left[\lambda + \beta + \dfrac{\lambda(\lambda^m - 1)}{\lambda - 1}\right] \gamma_m +$

$\dfrac{\lambda^m + \lambda - 2}{\lambda - 1} \beta = 1$ 的正根.

证明：为简单起见，令 $\gamma = \gamma_m$. 假设 H 为任意在线算法，ε 为任意小的正数. 证明采用对手法. 对手法准备了 $m+1$ 个加工长度为 1 的工件. 第一个工件 J_1 在时刻 $r_1 = 0$ 处到达. 假设算法 H 在时刻 S_1 处加工工件 J_1.

若 $S_1 \geqslant \gamma$，则没有其他工件到达. 此时

$$F_{\max}(\sigma) \geqslant 1 + \gamma \geqslant (1 + \gamma) F_{\max}(\pi)$$

接下来假设 $S_1 < \gamma$.

若工件 $J_1, \cdots, J_i, 1 \leqslant i \leqslant m-1$ 已经到达, 工件 J_i 的到达时间和开工时间分别为 r_i, S_i. 下一个工件 J_{i+1} 在时刻 $r_{i+1} = \lambda S_i + \beta + \varepsilon$ 处到达. 此过程继续直至工件 J_m 到达且其开工时间为 S_m.

若存在某个 $i, 2 \leqslant i \leqslant m$, 使得 $S_i - \lambda S_{i-1} \geqslant \gamma + \beta$, 则工件 J_{m+1} 不会到达. 此时在最优排序中可将 m 个工件分别在 m 台机器上加工, 开工时间为其到达时间, 则有 $F_{\max}(\pi) = 1$. 而对于在线算法 H, 则有

$$F_{\max}(\sigma) \geqslant F_i(\sigma) = S_i + 1 - r_i = S_i + 1 - (\lambda S_{i-1} + \beta + \varepsilon) \geqslant 1 + \gamma - \varepsilon$$

进而当 $\varepsilon \to 0$ 时, 有

$$\frac{F_{\max}(\sigma)}{F_{\max}(\pi)} \geqslant 1 + \gamma - \varepsilon \to 1 + \gamma$$

若对任意的 $i, 2 \leqslant i \leqslant m$, 都有 $S_i - \lambda S_{i-1} < \gamma + \beta$, 则最后一个工件 J_{m+1} 在时刻 $r_{m+1} = \lambda S_m + \beta + \varepsilon$ 处到达. 且当 $\varepsilon \to 0$ 时, 有

$$
\begin{aligned}
r_{m+1} - S_1 &= \lambda S_m + \beta + \varepsilon - S_1 \\
&= \sum_{i=1}^{m-1} \lambda^i (S_{m-i+1} - \lambda S_{m-i}) + (\lambda^m - 1) S_1 + \beta + \varepsilon \\
&< \sum_{i=1}^{m-1} \lambda^i (\gamma + \beta) + (\lambda^m - 1)\gamma + \beta \\
&= \left[\frac{\lambda(1 - \lambda^m)}{1 - \lambda} - 1 \right] \gamma + \frac{1 - \lambda^m}{1 - \lambda} \beta \\
&< 1
\end{aligned}
$$

最后一个不等式成立是由于 γ 满足 $\lambda \gamma_m^2 + \left[\lambda + \beta + \frac{\lambda(\lambda^m - 1)}{\lambda - 1} \right] \gamma_m + \frac{\lambda^m + \lambda - 2}{\lambda - 1} \beta = 1$, 从而有

$$\left[\frac{\lambda(1 - \lambda^m)}{1 - \lambda} - 1 \right] \gamma + \frac{1 - \lambda^m}{1 - \lambda} \beta = 1 - \lambda \gamma^2 - (\lambda + \beta + 1)\gamma - \beta < 1$$

由上述推导可知, 在时刻 r_{m+1} 所有的 m 台机器正在忙碌, 则 J_{m+1} 的最早开工时间为 $S_1 + 1$, 从而有

$$F_{\max}(\sigma) \geqslant F_{m+1}(\sigma) = S_{m+1} + 1 - r_{m+1}$$
$$\geqslant S_1 + 1 + 1 - (\lambda S_m + \beta + \varepsilon)$$
$$= S_1 - \lambda S_m + 2 - \beta - \varepsilon$$
$$= -\Big[\sum_{i=1}^{m-1} \lambda^i (S_{m-i+1} - \lambda S_{m-i}) + (\lambda^m - 1) S_1\Big] + 2 - \beta - \varepsilon$$
$$> -\Big[\sum_{i=1}^{m} \lambda^i (\gamma + \beta) + (\lambda^m - 1)\gamma\Big] + 2 - \beta - \varepsilon$$
$$= -\Big[\big(\frac{\lambda(1 - \lambda^m)}{1 - \lambda} - 1\big)\gamma + \frac{1 - \lambda^m}{1 - \lambda}\beta\Big] + 2 - \varepsilon$$

接下来，我们给出一个可行排序 π'，在排序 π' 中，工件 J_1，J_2 作为一批在时刻 r_2 处开工，其余的 $m - 1$ 个工件分别作为单独的批在剩下的 $m - 1$ 台机器上开工，开工时间分别为其到达时刻. 这样我们有

$$F_{\max}(\pi) \leqslant F_{\max}(\pi') = r_2 + 1 - r_1 = \lambda S_1 + \beta + \varepsilon + 1 < \lambda\gamma + \beta + \varepsilon + 1$$

且当 $\varepsilon \to 0$ 时，有

$$\frac{F_{\max}(\sigma)}{F_{\max}(\pi)} > \frac{-\Big[\big(\frac{\lambda(1 - \lambda^m)}{1 - \lambda} - 1\big)\gamma + \frac{1 - \lambda^m}{1 - \lambda}\beta\Big] + 2 - \varepsilon}{\lambda\gamma + \beta + 1 + \varepsilon} = 1 + \gamma$$

定理证毕.

定理 4.4.3 对于排序问题 $P_m | \text{online}, p-\text{batch}, b < \infty, p_j = 1,$ $LK_{(\lambda, \beta)} | F_{\max}$，当 $\lambda \geqslant 1, 0 \leqslant \beta < 1$ 时，任何在线算法的竞争比不会小于 $1 + \alpha$，其中 α 为方程

$$\lambda\alpha^2 + (\lambda + \beta)\alpha + \beta - 1 = 0$$

的正根.

证明：令 H 为任意在线算法，ε 为任意小的正数. 利用对手法证明. 假设在时刻 $r_1 = 0$ 处，第一个工件 J_1 到达，且算法 H 在时刻 S 处加工 J_1.

若 $S \geqslant \alpha$，则没有其他工件到达，此时有

$$F_{\max}(\sigma) = S + 1 \geqslant 1 + \alpha \geqslant (1 + \alpha) F_{\max}(\pi)$$

若 $S < \alpha$，则有 $(m - 1)b + b - 1$ 个工件在时刻 $r_2 = \lambda S + \beta + \varepsilon$ 处到达，$(m - 1)b + 2$ 个工件在 $r_3 = 1$ 处到达. 因 $\lambda S + \beta + \varepsilon < \lambda\alpha + \beta + \varepsilon \to \lambda\alpha + \beta = 1 - \lambda\alpha^2 - \alpha\beta < 1$，所以 $r_2 < r_3$. 假设没有其他工件到达. 由于在 r_2 时刻，

有 $m-1$ 个机器空闲，至少 $mb+1$ 个工件开工时间大于或等于 $S+1$，这样至少有一个工件，假设为 J_j，其完工时间大于或等于 $S+3$. J_j 的到达时间至多为 1，这样有

$$F_{\max}(\sigma) \geqslant F_j(\sigma) \geqslant S+2$$

现在给出一可行排序，在 r_2 时刻将 r_1 处到达的 1 个工件和在 r_2 处到达的 $(m-1)b+2$ 个工件生成 m 个批分别在 m 台机器上加工，在 $\lambda S+\beta+\varepsilon+1$ 处将 r_3 处到达的 $(m-1)b+2$ 个工件生成 m 个批分别在 m 台机器上加工，此时有

$$F_{\max}(\pi) \leqslant \lambda S+\beta+\varepsilon+1$$

由于 $S < \alpha$，当 $\varepsilon \to 0$ 时，可得

$$\frac{F_{\max}(\sigma)}{F_{\max}(\pi)} \geqslant \frac{S+2}{\lambda S+\beta+\varepsilon+1} \to \frac{S+2}{\lambda S+\beta+1} > \frac{\alpha+2}{\lambda\alpha+\beta+1} = 1+\alpha$$

结论成立.

5 具有前瞻的平行机在线排序问题展望

具有前瞻的平行机在线排序研究在未来有着更加广阔的前景，我们还可以从算法设计与优化、问题模型拓展、应用领域拓展、理论与实践结合、技术挑战与应对多个维度进行考虑，以期能够更深入地挖掘其发展潜力.

5.1 算法设计与优化

更高效、智能的算法设计：随着计算机科学的不断进步，学者们将继续探索更加高效、智能的排序算法. 这些算法能够更好地利用前瞻信息，提高排序的准确性和效率. 例如，利用机器学习与深度学习技术，可以设计出能够自适应调整排序策略的算法，以应对不同规模和特性的数据.

并行与分布式排序算法：随着多核处理器和分布式计算系统的普及，并行与分布式排序算法将成为研究的热点. 这些算法能够将排序任务划分为多个子任务，在多个处理单元上并行执行，从而显著提高排序的速度和效率.

混合排序算法：未来可能会看到更多混合排序算法的出现，即结合多种排序算法的优点，设计出更加高效、灵活的排序方案. 例如，可以将快速排序与归并排序相结合，利用快速排序的快速划分能力和归并排序的稳定性来优化排序过程.

组合优化策略：未来研究可能会将多种优化策略（如批处理、分组策略、启发式算法等）进行组合，以设计出更加复杂但效果更好的在线算法.这些策略的组合能够应对更复杂、更实际的排序问题.

5.2 问题模型拓展

多目标优化：当前大多数研究都集中在单目标优化问题上，但实际应用中往往需要同时考虑多个目标. 因此，未来研究可能会将多目标优化引入具有前瞻的平行机在线排序问题中，以更全面地评估算法的性能.

不确定性和随机性：现有研究通常假设前瞻区间的信息是确定的，但在实际应用中，工件信息可能受到各种不确定性和随机因素的影响. 因此，未来研究可能会考虑将不确定性和随机性引入问题模型中，以更贴近实际应用场景.

5.3 应用领域拓展

云计算与大数据：随着云计算和大数据技术的飞速发展，具有前瞻的平行机在线排序问题在云计算资源分配、大数据处理等领域的应用前景将更加广阔. 学者们可以针对这些领域的特定需求，设计出更加专业化的在线排序算法.

智能制造与物联网：在智能制造和物联网领域，设备之间的协同工作和资源分配需要高效的排序算法来支持. 具有前瞻的排序问题可以为智能制造系统中的生产调度、物流配送等环节提供优化方案，提高生产效率和降低成本.

数字化营销与推荐系统：在数字化营销和推荐系统中，排序算法决定了用户看到的内容和推荐的顺序. 具有前瞻的排序算法可以根据用户的历史行为和未来可能的需求, 提前预测并优化推荐列表, 提升用户体验感和满意度.

5.4　理论与实践结合

理论验证与实验评估: 未来研究将更加注重理论与实践的结合. 通过理论分析证明算法的正确性和性能上界, 并通过实验评估验证算法在实际应用中的效果, 这种结合将有助于推动研究成果的转化和应用.

跨学科合作: 具有前瞻的平行机在线排序问题涉及计算机科学、运筹学、管理学等多个学科领域. 其中, 与运筹学的结合: 排序问题本质上是运筹学中的一个重要分支. 未来研究可以更加深入地与运筹学相结合, 利用运筹学的优化理论和方法来指导排序算法的设计和应用. 与人工智能的融合: 人工智能技术的兴起为排序算法带来了新的机遇. 未来研究可以将机器学习、深度学习等人工智能技术与排序算法相结合, 通过挖掘数据的内在规律和特征来优化排序过程. 与图论的结合: 在图数据分析和图计算中, 图排序算法具有重要的应用价值. 未来可以探索将图论的理论和方法应用于具有前瞻的排序问题中, 设计出更加高效、适应性强的排序算法. 未来研究将更加注重跨学科合作, 以充分利用各学科的优势资源, 推动该领域的深入发展.

5.5　技术挑战与应对

数据规模的挑战: 随着数据量的不断增长, 如何高效地处理大规模数据成为一个重要的挑战. 未来研究需要关注如何设计可扩展性强的排序算法, 以应对大规模数据的处理需求.

前瞻信息的准确性：前瞻信息的准确性直接影响到排序算法的效果.因此，未来研究需要关注如何提高前瞻信息的准确性和可靠性，减少预测误差对排序结果的影响.

算法复杂度的控制：学者们在追求排序效率的同时，也需要关注算法复杂度的控制.未来研究需要在保证排序效果的前提下，努力降低算法的复杂度和运行成本.

综上所述，具有前瞻的平行机在线排序研究在未来有着广阔的发展前景和深入发展的潜力.学者们通过在算法设计与优化、问题模型拓展、应用领域拓展、理论与实践结合、技术挑战与应对等多个方面的努力，定会使得该领域不断取得新的突破和进展.

参考文献

林诒勋, 2019. 排序与时序最优化引论 [M]. 北京：科学出版社.

唐国春, 张峰, 罗守成, 等, 2003. 现代排序论 [M]. 上海：上海科学普及出版社.

唐恒永, 赵传立, 2002. 排序引论 [M]. 北京：科学出版社.

BAKER K R, BERTRAND J W M, 1982. A dynamic priority rule for scheduling againt due-dates [J]. Journal of operations management, 3 (1)：37-42.

BRUCKER P, 2001. Scheduling algorithms [M]. 3rd ed. Berlin：Sringer-Verlag.

CHANG S, LU Q, TANG G, et al., 1995. On decomposition of the total tardiness problem [J]. Operational research letters, 17：221-229.

CIGOLINI R, PERONA M, PORTIOLI A, et al., 2002. A new dynamic look-ahead scheduling procedure for batching machines [J]. Journal of scheduling (5)：185-204.

COFFMAN E G, GRAHAM R L, 1972. Optimal scheduling for two-processor systems [J]. Acta information, 1：200-213.

DENG X T, POON C K, ZHANG Y Z, 2003. Approximation algorithms in batch processing [J]. Journal of combinatorial optimization (7)：247-257.

DU J, LEUNG J Y T, 1990. Minimizing total tardiness on one machine is NP-hard [J]. Mathematics of operations research, 15 (3)：483-495.

EMMONS H, 1968. One-machine sequencing to minimize certain functions of job tardiness [J]. Operations research, 17: 701-703.

FISHER M L, 1976. A dual algorithm for the one - machine scheduling problem [J]. Mathematical programming, 11: 229-251.

GAFAREV E R, LAZAREV A A, 2006. A special case of the single-machine total tardiness problem is NP-hard [J]. Journal of computer and systems sciences international, 45 (3): 450-458.

GAREY M R, JOHNSON D S, 1976a. Scheduling tasks with non-uniform deadlines on two processors [J]. Journal of the association for computing machinery, 23: 461-467.

GAREY M R, JOHNSON D S, SETHI R, 1976b. The complexity of flow-shop and jobshop scheduling [J]. Mathematics of operations research, 1 (1): 117-129.

GAREY M R, TARJAN R E, WIFONG G T, 1988. One-processor scheduling with symmetric earliness and tardiness penalties [J]. Mathematics of operations research, 13 (2): 330-348.

GONZALEZ T, SAHNI S, 1976. Open shop scheduling to minimize finish time [J]. Journal of ACM, 23 (4): 665-679.

HALL L A, SCHULZ A S, SHMOYS D B, et al., 1997. Scheduling to minimize average completion time: off - line and on - line approximation algorithms [J]. Mathematics of operations research, 22 (3): 513-544.

HALL L A, SHMOYS D B, 1992. Jackson's rule for the single-machine scheduling: Making a good heuristic better [J]. Mathematics of operations research, 17 (1): 22-35.

HE C, LIN Y, YUAN J J, 2007. Bicriteria scheduling on a batching machine to minimize maximum lateness and makespan [J]. Theoretical computer science, 381: 234-240.

HOCHBAUM D S, SHMOYS D B, 1987. Using dual approximation algorithms for scheduling problems: theoretical and practical results [J]. Journal of the ACM, 34: 144-162.

HU T C, 1961. Parallel sequencing and assembly line problems [J]. Operational research, 9: 841-848.

JIAO C W, FENG Q, 2003. Research on the parallel-batch scheduling with linearly lookahead mode 1 [J]. Journal of industrial and management optimization, 17: 3551-3558.

JIAO C W, LI W H, YUAN J J, 2014. A best possible online algorithm for scheduling to minimize maximum flow-time on bounded batch machines [J]. Asia-pacific journal of operational research, 31: 14500301-145003010.

JIAO C W, YUAN JJ, FENG Q, 2019. Online algorithms for scheduling unit length jobs on unbounded parallel-batch machines with linearly lookahead [J]. Asia - pacific journal of operational research, 36: 195002401 - 195002408.

KELLERER H, STRUSEVICH V A, 2006. A fully polynomial approximation scheme for the single machine weighted total tardiness problem with a common due date [J]. Theoretical computer science, 369: 230-238.

KOULAMAS C, 2009. A faster fully polynomial approximation scheme for the single-machine total tardiness problem [J]. European journal of operational research, 193: 637-638.

LAWLER E L, 1978. Sequencing jobs to minimize total weighted completion time subject to precedence constrains [J]. Annals of discrete mathematics, 2: 75-90.

LAZAREV A A, GAFAREV E R, 2009. Algorithms for special cases of the single machine total tardiness problem and an application to the even-odd partition problem [J]. Mathematical and computer modeling, 49: 2061-2072.

LENSTRA J K, RINNOOY KAN A H G, 1981. Complexity of vehicle routing and scheduling problems [J]. Networks, 11: 221-227.

LENSTRA J K, SHMOYS D B, TARDOS E, 1990. Approximation algorithms for scheduling unrelated parallel machines [J]. Mathematical programming, 46: 259-271.

LEUNG J Y T, LI C L, 2008. Scheduling with processing set restrictions: a survey [J]. International journal of production economics, 116: 251-262.

LI C L, 2006. Scheduling unit-length jobs with machine eligibility restrictions [J]. European journal of operational research, 174: 1325-1328.

LI W H, YUAN JJ, YANG S F, 2014. Online scheduling of incompatible unit-length job families with lookahead [J]. Theoretical computer science, 543: 120-125.

LI W H, ZHANG Z K, YANG S F, 2012. Online algorithms for scheduling unit length jobs on parallel-batch machines with lookahead [J]. Information processing letters, 112 (7): 292-297.

LI W H, YUAN J J, 2011. Online scheduling on unbounded parallel-batch machines to minimize maximum flow-time [J]. Information processing letters, 111: 907-911.

LI W J, YUAN JJ, CAO J F, et al., 2009. Online scheduling of unit length jobs on a batching machine to maximize the number of early jobs with lookahead [J]. Theoretical computer science, 410 (47-49): 5182-5187.

LI W J, YUAN J J, 2015. An improved online algorithm for the online preemptive scheduling of equal-length intervals on a single machine with lookahead [J]. Asia-pacific journal of operational research, 32 (6): 1550047-1550047.

LIN L, LIN Y, 2013. Mahine scheduling with contiguous processing constraints [J]. Information processing letters, 113: 280-284.

LIN L, LIN Y, ZHOU X, et al., 2010. Parallel machine scheduling with a simultaneity constraint and unit-length jobs to minimize the makespan [J]. Asia-pacific journal of operational research, 27 (6): 669-676.

LIU P H, LU X W, FANG Y, 2012. A best possible deterministic on-line algorithm for minimizing makespan on parallel batch machines [J]. Journal of scheduling, 15: 77-81.

LU L F, YUAN J J, 2007. The single machine batching problem with identical family setup times to minimize maximum lateness is strongly NP-hard [J]. European journal of operational research, 177: 1302-1309.

MANDELBAUM M, SHABTAY D, 2011. Scheduling unit length jobs on parallel machines with lookahead information [J]. Journal of scheduling, 14: 335-350.

MAO W, KINCAID R K, 1994. A lookahead heuristic for scheduling jobs with release dates on a single machine [J]. Computers and operations research, 21: 1041-1050.

MONMA C L, 1979. The two-machine maximum flow time problem with series-parallel precedence constraints: an algorithm and extensions [J]. Operations research, 27: 792-798.

NONG Q Q, CHENG T C E, NG C T, 2008. An improved on-line algorithm for scheduling on two unrestrictive parallel batch processing machines [J]. Operations research Letters, 36: 584-588.

NOWICKI E, SMUTNICKI C, 1994. An approximation algorithm for a single-machine scheduling problem with release times and delivery times [J]. Discrete applied mathematics, 48 (1): 69-79.

POON C K, YU W C, 2005. On-line scheduling algorithms for a batch machine with finite capacity [J]. Journal of combinatorial optimization, 9: 167-186.

POTTS C N, KOVALYOV M Y, 2000. Scheduling with batching: a review [J]. European journal of operational research, 120: 228-249.

RUDEK R, 2012. The strong NP-hardness of the maximum lateness minimization scheduling problem with the processing-time based aging effect [J]. Applied mathematics and computation, 218: 6498-6510.

SAHNI S, 1976. Approximation for scheduling independent tasks [J]. Journal of ACM, 23: 116-127.

SCHRIJVER A, 2003. Combinatorial optimization: polyhedra and efficiency [M]. Berlin: Springer Verlag.

SIDNEY J B, 1979. The two-machine maximum flow time problem with series parallel precedence relations [J]. Operations research, 27: 782-791.

TIAN J, CHENG T C E, NG CT, et al., 2009. Online scheduling on unbound parallel-batch machines to minimize the makespan [J]. Information processing letters, 109: 1211-1215.

TIAN J, FU R Y, YUAN J J, 2009. A best online algorithm for scheduling on two parallel batch machines [J]. Theoretical computer science, 410: 2291-2294.

VAZIRANI V V, 2001. Approximation algorithms [M]. Berlin: Springer-Verlag.

WAGELMANS A P M, GERODIMOS A E, 2000. Improved dynamic programs for some batching problems involving the maximum lateness criterion [J]. Operations research letters, 27: 109-118.

YUAN J J, 1992. The NP-hardness of the single machine common due date weighted tardiness problem [J]. Systems science and mathematical sciences, 5 (4): 328-333.

YUAN J J, 2017. Unary NP-hardness of minimizing the number of tardy jobs with deadlines [J]. Journal of scheduling, 20 (2): 211-218.

ZHANG G C, CAI X Q, WONG C K, 2001. Online algorithms for minimizing makespan on batch processing machines [J]. Naval research logistics, 48: 241-258.

ZHANG G C, CAI X Q, WONG C K, 2003. Optimal online algorithms for scheduling on parallel batch processing machines [J]. IIE Transactions, 35: 175-181.

ZHENG F F, CHENG Y X, LIU M, et al., 2013. Online interval scheduling on a single machine with finite lookahead [J]. Computers and operations research, 40 (1): 180-191.

ZHENG F F, XU Y E, ZHANG E, 2008. How much can lookahead help in online single machine scheduling [J]. Information processing letters, 106 (2): 70-74.

附录 A　确定性排序问题基本理论

在排序问题中，如果所有的信息在进行决策之前都是已知的，则排序问题称为确定性排序（deterministic scheduling）问题或离线排序（off-line scheduling）问题．如果有的信息，如加工时间、准备时间和工期等，在做决策时是未知的，它们是一些随机变量，但它们的分布是已知的，这样的排序问题称为随机排序（stochastic scheduling）问题．无论是确定性排序还是随机排序，一般都假设：

（1）任务或作业和处理机都是有限的；

（2）在任一时刻，任何处理机只能加工一个工件或一批工件．

处理机、任务或作业和目标函数三要素组成了排序问题．处理机的数量、类型和环境有近 10 种情况，任务或作业和资源的约束条件更是错综复杂，再加上度量不同指标的目标函数，形成了种类繁多的排序问题．我们用 Graham 算法中使用的三元组概念来描述排序问题的类型，这样能大大简化排序问题的表示．

三元组记号由三个域组成：$\alpha \mid \beta \mid \gamma$，它们具有下面的含义：

α 域表示处理机的数量、类型和环境，它可以为

1：单处理机．

Pm：m 个同速机．

Qm：m 个恒速机．

Rm：m 个变速机．

Fm：m 个处理机，流水作业．

Om：m 个处理机，开放作业．

Jm：m 个处理机，异顺序作业.

FFs：s 类处理机，柔性流水作业.

β 域表示任务或作业的性质、加工要求和限制，资源的种类、数量和对加工的影响等约束条件，同时可以包含多项，可能的项主要有

r_j：任务有不同的到达时间，如果 β 中不出现 r_j，说明 $r_j = 0$，$j = 1$，2，$\cdots$，n.

d_j：表示工件的工期，表示工件有截止期约束.

pmtn：加工时间可中断，如果 β 中不出现 pmtn，表示加工时间不可中断.

prec，chains，intree，outtree：表示任务的相关性，分别表示一般优先约束、链、入树和出树. 如果 β 中不出现这些项，任务集是无关的.

brkdwn：机器故障（breakdown），表示机器不能连续被使用. 在确定性排序中，机器的不可用时间是固定的. 对同速机，可用的机器数在任何时刻都是时间的函数.

prmu：这个约束只可以出现在流水作业环境中. 当 prmu 出现时，作业是按照先进先出（first in first out，FIFO）的原则加工，即所有作业的每一工序的加工顺序都相同，或者说，作业按通过第一个处理机的顺序始终不变地通过所有的处理机.

block：阻塞（blocking）现象只可能出现在流水作业中. 如果在两个相邻的机器之间有一个容量有限的缓冲区，当缓冲区被占满时，上流的机器就不能释放加工的作业，即被加工完的作业被阻塞在上流机器上. 在这种情况下，如果在下流机器上加工的作业还没完成，上流机器上已完工的作业不能离开机器. 于是，被阻塞的作业也阻塞了下一个要在它占有的机器上加工的作业.

nwt：不等待（no-wait）限制只可能出现在流水作业环境下. 所谓不等待限制，就是指被加工的作业不允许在两个相邻的处理机之间等待. 也就是说，一个作业在第一个处理机上的开始加工时间需要延迟到保证不需要在任何处理机上等待通过整个系统的所有处理机. 一个典型的例子就是

轧钢厂，在这里被加工的钢材不允许在两道工序之间等待；否则钢材会凉下来不能继续加工. 显然，不等待限制也必须按先进先出的原则进行.

recrc：循环（recirculation）只可以出现在异顺序作业环境中，它表示作业可以多于一次地访问同一处理机.

任何约束条件的项都可以出现在 β 域中，同时可以出现多项. 若出现两项或两项以上，两项之间要用逗号隔开. 另外，有些项不说自明，如 $p_j = p$ 意味着所有任务的加工时间是相等的.

γ 域表示要优化的目标函数，先介绍以下参数：

S_j：工件 J_j 的开工时刻.

C_j：工件 J_j 的完工时刻.

$L_j = C_j - d_j$；工件 J_j 的延迟时间.

$F_j = C_j - r_j$：工件 J_j 的流程.

$T_j = \max\{C_j - d_j, 0\}$：工件 J_j 的延误时间.

U_j：工件 J_j 的延误指标，$U_j = \begin{cases} 1, & T_j > 0 \\ 0, & T_j \leqslant 0 \end{cases}$.

排序问题中常见的目标函数有

$C_{\max} = \max\{C_j : 1 \leqslant j \leqslant n\}$：时间表长或最终完工时间或全程.

$F_{\max} = \max\{F_j : 1 \leqslant j \leqslant n\}$：最大流程.

$\sum C_j$：总完工时间.

$\sum F_j$：总流程.

$\sum T_j$：总延误.

$\sum w_j C_j$：加权总完工时间.

$\sum w_j T_j$：加权总延误.

$L_{\max} = \{L_j : 1 \leqslant j \leqslant n\}$：最大延迟.

$T_{\max} = \{T_j : 1 \leqslant j \leqslant n\}$：最大延误.

$f_{\max} = \{f_j(C_j) : 1 \leqslant j \leqslant n\}$：最大费用.

$\sum f_j$：总费用

$\sum U_j$：延误工件数.

$\sum w_j U_j$：加权误工任务数.

排序问题是一类组合最优化问题，由于排序问题中的处理机、任务或作业都是有限的，绝大部分排序问题是从有限个可行解中找出一个最优解，使目标函数最优. 在排序问题中，把可行解称为可行排序（feasible schedule），最优解称为最优排序（optimal schedule）. 在排序问题中，一个可行排序是一个顺序（sequence）或排列（permutation），按照这个顺序，在给定的处理机上加工所有的任务或作业.

排序问题是一类组合最优化问题，求解排序问题的基本思路是：应用或借鉴求解其他组合最优化问题的方法，充分利用排序问题本身的特殊性质，以确定满足约束条件的最优排序. 有些排序问题可转化为其他的组合最优化问题求解. 对具有多项式算法的排序问题，要尽可能地找出空间复杂性和时间复杂性好的算法. 所谓空间复杂性，就是指算法所占存储的多少；时间复杂性则是指计算时间的长短，它们都是输入规模的函数. 从理论分析的角度来讲，更多考虑的是时间复杂性. 对于还不知道是否有多项式算法的排序问题，我们需要用复杂性理论进行分析，看它是否为 NP-难问题，以便知道求解此类问题的难度，为求解提供一些有益的启发. 求解这类问题有两种基本方法：一是利用分支定界法、动态规划法等巧妙的穷举法求出它的精确最优排序，这里算法计算量较大，只对规模较小的问题才是可行的；另一种方法是求出它的近似最优排序，各种局部搜索法和启发式算法都是有效的，这类算法计算量小，并能满足一定的实际需要，为了知道所得到的近似最优排序与最优排序的近似程度，分析误差界是使用这类方法不可缺少的工作，也是最困难的工作.

附录 B   计算复杂性理论

计算复杂性理论是理论计算机科学的分支学科，使用数学方法对计算中所需的各种资源的耗费做定量的分析，并研究各类问题之间在计算复杂程度上的相互关系和基本性质，是算法分析的理论基础. 它对研究组合最优化问题的算法非常有用，在此给出对这个理论的简单描述.

在计算复杂性理论中，我们主要研究判定问题，即含一组参数的问句，要求回答"是"或"否". 当问题中参数给定时，便称为一个实例. 所以问题是实例的集合. 一个实例 I 的大小称为规模，或输入长度. 在计算复杂性理论中，术语"问题"指的是对一类问题总的描述. 术语"例子"是一个给定了一组数据的具体问题. 对某个问题，如果存在一个算法可以解该问题的任何一个例子，则把这个问题称为可计算的. 衡量一个算法的好坏主要有两个标准：一是占用存储的大小；二是所用时间的多少. 前者称为空间复杂性，它主要由计算机专家研究；后者称为时间复杂性，如组合最优化中的计算复杂性指的就是算法的时间复杂性.

求解一个问题的算法所用时间的多少，不仅与算法需要多少次运算有关，而且与所使用的计算机、编制程序的语言和技巧以及程序的运行环境等有关. 只有第一个因素能说明算法本身的好坏，所以用算法所执行的运算次数来表示算法的运行时间.

一个算法所执行的运算次数显然与例子的大小有关，例子的大小用输入规模来度量. 描述一个例子的数据的编码长度称为这个例子的输入规模. 算法所执行的运算次数除了和例子的输入规模有关以外，与例子的特征以及所采取的计算策略也有关. 为了避免不同的输入对算法带来较大的影响，考查所有输入规模为 n 的例子，对这些输入规模相同的例子算法可能有不同的行为，把其中最坏的行为定义为关于输入规模为 n 的计算复杂性，因此计算复杂性是输入规模的函数.

在计算复杂性理论的研究中，仅在输入规模很大时，才对这个算法的行为感兴趣，当输入规模足够大时，在复杂性函数中，增长速度慢的项可以省去. 现今科学家达成了一个共识，他们认为求解一个问题的算法，仅当其复杂性函数是输入规模的多项式函数时，算法才是有效的. 有些算法的计算复杂性函数本身不是多项式的，但它有一个多项式的上界，这样的算法也是有效的. 因此，学者们把上述具有多项式复杂性函数或其上界是多项式的算法称为多项式（时间）算法（polynomial-time algorithm），其余的算法统称为指数算法（exponential algorithms）.

在计算复杂性理论中，问题有以下两种提法：

1. 最优化问题

opt $f(x)$

$s.\ t\ x \in S$

其中 $f(x)$ 是目标函数，S 是可行解集合. 这种形式的问题是在可行解集中找一个使目标函数值达到最优的可行解.

2. 判定问题

给定一个例子，即确定这个例子目标函数 $f(x)$ 和可行解集 S 的一组数据，并给定一个常数 L，是否存在一个可行解 x_0，使 $f(x_0) \leqslant (\geqslant) L$？判定问题是用"是"或"否"来回答.

如果存在一个求解最优化问题的多项式算法，那么一定存在一个求解判定问题的多项式算法. 这就是说判定问题不比最优化问题困难.

NP-理论的核心是按照下面的定义把问题进行分类.

定义 1 P 类问题包含了所有可用多项式算法求解的判定问题.

定义 2 我们说判定问题 A 是 NP 类的，如果存在多项式 $p(n)$ 和算法 H，使以下论断成立：符号串 x 是 A 的问题为是的例子，当且仅当存在符号串 $c(x) \big[\, |c(x)| \leqslant p(x)\,\big]$，给 H 提供一个输入 x，$c(x)$，则至多 $p(|x|)$

步之后，H 便给出答案"是".

NP 类判定问题可以非形式的描述为：如果 x 是问题为"是"的一个例子，则存在一个多项式为界的一个证明 $c(x)$，存在一个算法 H 能在多项式时间内检验这个证明的真实性.

容易证明：P 是 NP 的子集. 一个重要的问题至今悬而未解：P 是 NP 的真子集呢，还是 $P = NP$？学者们还是在一定程度上揭开了这个奥秘，这个研究主要利用归结的概念.

定义 3 如果 A_1 和 A_2 都是判定问题，H_1 和 H_2 是求解 A_1 和 A_2 的算法，如果 H_1 是多项式算法，并且是多次以单位费用把 H_2 作为子程序的算法，我们说 A_1 在多项式时间内归结为 A_2，称 H_1 为 A_1 到 A_2 的多项式时间归结.

定义 4 若所有其他的 NP 问题都能多项式归结到 A，判定问题 $P \in NP$ 称为是 NP 完备的（NP-complete）.

如果一个判定问题是 NP-完备的，其相应的最优化问题称为是 NP-难的（NP-hard）.

为了证明一个判定问题是 NP-完备的，我们必须证明下列两条：

（1）该问题是 NP.

（2）所有其他 NP 问题都能多项式归结到该问题.

实际上，为了证明第 2 条，只要证明某个已知的 NP-完备问题能多项式归结到该问题即可，因为多项式归结具有传递性. 不过第一个 NP-完备问题的证明需要直接证明第 2 条，Cook 定理证明第一个 NP-完备问题-适定性问题.

如果问题 A 是 NP-完备的，若 A 有多项式算法，则所有的 NP-完备问题都有多项式算法. 事实上不是 NP-完备类中的所有问题都有同样的难度，下面的一类是 NP-完备问题中最难的一类.

定义 5 设 A 是一个问题，I 是问题 A 的一个例子，$|I|$ 表示 I 的输入规模，$\max(n(I))$ 表示 I 中出现的最大整数，g 是从整数 N 到 N 的函数，例子集定义为

$$A_g = \{ I \in A, \ \max[n(I)] \leqslant g(|I|) \}$$

其中 $I \in A$ 表示 I 是问题 A 的例子，如果对于某个多项式函数 p，A_p 是 NP-完备的，则说问题 A 是强 NP-完备的.

定义 6 如果求解问题 A 的算法 H 能在以 $|I|$ 和 $\max[n(I)]$ 的多项式为界的时间内求解任何例子 I，称 H 为拟多项式算法.

强 NP-完备的也是 NP-完备的，一般说到某问题是 NP-完备的，意味着它是一般意义下的 NP-完备的，不是强 NP-完备的，NP-完备的问题有拟多项式算法，而任何强 NP-问题都没有拟多项式算法，除非 $P = NP$.

接下来列举出几个（强）NP-难的问题.

适定性问题是最重要的 NP-难的问题，而划分问题、三划分问题、最大团问题、货郎

问题和背包问题都在排序问题中起着重要的作用.

1. 适定性问题(satisfiability problem)

在适定性问题中，有 n 个逻辑（布尔）变量 x_1，x_2，$\cdots$，x_n，一个逻辑变量 x_j 只能取值 0(真) 或 1(假). 用 "+" 表示或运算，"." 表示与运算，$\bar{x}$ 表示 x 做否运算，用逻辑运算符号把逻辑变量连接在一起形成逻辑表达式. 对逻辑表达式的逻辑变量指定一组值称为真值分配，使表达式的值为真，则称这个表达式是可适定的. 在一个逻辑表达式中，如果不出现与运算，每个变量 x_j 或者以 x_j 形式出现，或者以 $\bar{x_j}$ 形式出现，或者不出现，把这样的表达式称为子式.

给定包含 n 个逻辑变量 x_1，x_2，$\cdots$，x_n 的 m 个子式 C_1，C_2，$\cdots$，C_m，逻辑表达式 C_1，C_2，$\cdots$，C_m 是可适定的吗？

适定性问题是 NP-难的.

2. 背包问题(knapsack problem)

背包问题指的是单个约束的整数线性规划问题：

$$\min \sum_{j=1}^{n} c_j x_j$$

$$s.\ t \sum_{j=1}^{n} a_j x_j \leqslant L$$

$$x_j \in Z^+ (x_j = 0,\ 1)$$

背包问题的判别形式有两种：整数背包问题和 0–1 背包问题.

（1）整数背包问题.

给定一组整数 a_1，a_2，$\cdots$，a_n，以及 L，是否存在一组整数 $x_j \geq 0$，$j = 1$，2，$\cdots$，n 使得 $\sum\limits_{j=1}^{n} a_j x_j = L$?

（2）0–1 背包问题.

给定一组整数 a_1，a_2，$\cdots$，a_n，以及 L，是否存在一组整数 $x_j = 0$ 或 1，$j = 1$，2，$\cdots$，n 使得 $\sum\limits_{j=1}^{n} a_j x_j = L$?

整数背包问题和 0–1 背包问题是 NP–难的.

3. 划分问题（partition problem）

给定正整数 a_1，a_2，$\cdots$，a_n 和 $b = (1/2) \sum\limits_{j=1}^{n} a_j$，是否存在不相交的子集 S_1 和 S_2，使得 $\sum\limits_{a_j \in S_1} a_j = \sum\limits_{a_j \in S_2} a_j = b$.

4. 三划分问题（three partition problem）

给定正整数 a_1，a_2，$\cdots$，a_{3n} 和 $b = (1/n) \sum\limits_{j=1}^{3n} a_j$，是否存在不相交的含有三个元素的子集 S_i，$i = 1$，2，$\cdots$，n，使得 $\sum\limits_{a_j \in S_i} a_j = b$.

划分问题是 NP–难的，三划分问题是强 NP–难的.

5. 最大团问题（maximum clique problem）

给定一个图 $G = (V, E)$，V 的一个完全连接的子集称为一个团. 最大团问题是求图 G 的一个含点最多的团. 最大团问题是强 NP–难的.

6. 货郎问题（traveling salesman problem）

一个货郎从一个城市 c_1 出发，要到城市 c_2，c_3，$\cdots$，c_n 去卖货，然后再回到城市 c_1，s_{ij}，$i = 1$，2，$\cdots$，n，$j = 1$，2，$\cdots$，n 表示从城市 c_i 到城市 c_j 的距离，货郎问题是找一条从城市 c_1 出发，到每个城市卖完货后再回到城市 c_1 的最短路.

货郎问题是强 NP–难的.

附录 C 常见离线排序问题汇总

I 单机模型

- 总完工时间及费用和排序问题.

$1 \| \sum C_j$：单机，最小化总完工时间和排序.

$1 \mid r_j, \text{ pmtn} \mid \sum C_j$：单机，工件陆续到达，加工可中断，最小化总完工时间.

$1 \| \sum w_j C_j$：单机，最小化加权总完工时间排序.

$1 \mid \text{chains} \mid \sum w_j C_j$：单机，链约束，最小化加权总完工时间.

$1 \mid r_j, \ p_j = 1 \mid \sum f_j(C_j)$：单机，工件陆续到达，工件加工长度均为 1，最小化总费用和.

- 最大延迟及最大费用问题.

$1 \| L_{\max}$：单机，最小化最大延迟.

$1 \mid r_j, \ p_j = 1 \mid L_{\max}$：单机，工件陆续到达，工件加工长度均为 1，最小化最大延迟.

$1 \mid r_j, \ d_j = d \mid L_{\max}$：单机，工件陆续到达，工件工期为 d，最小化最大延迟.

$1 \mid \text{prec} \mid f_{\max}$：单机，工件带有偏序约束，最小化最大费用.

$1 \mid r_j, \text{ prec}, \text{ pmtn} \mid f_{\max}$：单机，工件陆续到达，工件带有偏序约束，加工可中断，最小化最大费用.

- （加权）总延误问题.

$1 \| \sum T_j$：单机，最小化总延误.

$1 | p_j = 1 | \sum w_j T_j$：单机，所有工件加工长度均为 1，最小化加权总延误.

$1 \| \sum w_j T_j$：单机，最小化加权总延误.

$1 | d_j = d | \sum w_j T_j$：单机，所有工件工期为 d，最小化加权总延误.

- （加权）延误数问题.

$1 | r_j, \ p_j = 1 | \sum w_j U_j$：单机，工件陆续到达，工件加工长度均为 1，最小化加权总误工数.

$1 \| \sum w_j U_j$：单机，最小化加权总误工数.

$1 \| \sum U_j$：单机，最小化总误工数.

$1 | p_i < p_j \Rightarrow w_i \geq w_j | \sum w_j U_j$：单机，工件权重与加工长度负相关，最小化加权总误工数.

$1 | r_i < r_j \Rightarrow d_i \geq d_j | \sum U_j$：单机，工件工期与到达时间负相关，最小化总误工数.

- 工件陆续到达问题.

$1 | r_j | C_{\max}$：单机，工件陆续到达，最小化时间表长.

$1 | r_j | L_{\max}$：单机，工件陆续到达，最小化最大延迟.

$1 | r_j, \ p_j = 1 | L_{\max}$：单机，工件陆续到达，工件加工长度为 1，最小化最大延迟.

$1 | r_j, \ d_j = d | L_{\max}$：单机，工件陆续到达，工件工期相等，最小化最大延迟.

$1 | r_j, \ \mathrm{pmtn} | \sum C_j$：单机，工件陆续到达，加工可中断，最小化总完工时间.

$1 | r_j | \sum C_j$：单机，工件陆续到达，最小化总完工时间.

$1 | r_j, \ \mathrm{pmtn} | \sum U_j$：单机，工件陆续到达，工件加工可中断，最小化

总误工数.

- 有偏序约束问题.

$1|\text{prec}|\sum w_j C_j$：单机，工件带有偏序约束，最小化加权总完工时间.

$1|\text{prec},\ p_j = 1|\sum w_j C_j$：单机，工件带有偏序约束，工件加工长度为 1，最小化加权总完工时间.

$1|r_j,\ \text{prec}|\sum w_j C_j$：单机，工件陆续到达，工件带有偏序约束，最小化加权总完工时间.

$1|\text{prec}|\sum C_j$：单机，工件带有偏序约束，最小化总完工时间.

$1|\text{prec}|f_{\max}$：单机，工件带有偏序约束，最小化最大费用.

$1|\text{outtree}|\sum w_j C_j$：单机，工件偏序约束符合出树模型，最小化加权总完工时间.

$1|\text{intree}|\sum w_j C_j$：单机，工件偏序约束符合入树模型，最小化加权总完工时间.

$1|\text{prec},\ r_j,\ p_j = 1|L_{\max}$：单机，工件带有偏序约束，工件陆续到达，加工长度均为 1，最小化最大延迟.

$1|\text{prec},\ r_j|L_{\max}$：单机，工件陆续到达且带有偏序约束，最小化最大延迟.

$1|\text{prec},\ r_j|C_{\max}$：单机，工件陆续到达且带有偏序约束，最小化时间表长.

$1|\text{prec},\ r_j,\ \text{pmtn}|L_{\max}$：单机，工件陆续到达且带有偏序约束，加工允许中断，最小化最大延迟.

$1|\text{prec},\ r_j,\ p_j = 1|\sum C_j$：单机，工件陆续到达且带有偏序约束，加工长度为 1，最小化总完工时间.

$1|\text{prec},\ r_j,\ \text{pmtn}|\sum C_j$：单机，工件陆续到达且带有偏序约束，加工允许中断，最小化总完工时间.

$1|\text{prec},\ p_j = 1|\sum U_j$：单机，工件带有偏序约束，加工长度均为 1，

最小化总延误数.

$1 \mid \text{prec}, p_j = 1 \mid \sum T_j$: 单机, 工件带有偏序约束, 加工长度均为 1, 最小化总延误时间.

- 分批排序问题.

$1 \mid p - \text{batch} \mid C_{\max}$: 单机, 平行批, 最小化时间表长.

$1 \mid p - \text{batch} \mid \sum w_j C_j$: 单机, 平行批, 最小化加权总完工时间.

$1 \mid p - \text{batch} \mid L_{\max}$: 单机, 平行批, 最小化最大延迟.

$1 \mid p - \text{batch} \mid \sum U_j$: 单机, 平行批, 最小化总误工数.

$1 \mid p - \text{batch} \mid f_{\max}$: 单机, 平行批, 最小化最大费用.

$1 \mid p - \text{batch} \mid \sum f_j$: 单机, 平行批, 最小化总费用.

II 平行机模型

- 全程问题

$P \mid \text{prec} \mid C_{\max}$: 同速机, 机器个数任意, 工件带有偏序约束, 最小化时间表长.

$P_2 \mid\mid C_{\max}$: 2 个同速机, 最小化时间表长.

$P \mid r_j \mid C_{\max}$: 同速机, 机器个数任意, 工件陆续到达, 最小化时间表长.

$R_m \mid\mid C_{\max}$: m 个变速机, 最小化时间表长.

$R_2 \mid\mid C_{\max}$: 2 个变速机, 最小化时间表长.

$R \mid\mid C_{\max}$: 变速机, 机器个数任意, 最小化时间表长.

$Q \mid\mid C_{\max}$: 恒速机, 机器个数任意, 最小化时间表长.

- 完工时间和问题.

$P \mid\mid \sum w_j C_j$: 同速机, 机器个数任意, 最小化加权总完工时间.

$P \mid\mid \sum C_j$: 同速机, 机器个数任意, 最小化总完工时间.

$P_m \mid\mid \sum C_j$: m 台同速机, 最小化总完工时间.

$P_2 \mid\mid \sum w_j C_j$: 2 台同速机, 最小化加权总完工时间.

$Q \| \sum C_j$：恒速机，机器个数任意，最小化总完工时间.

$R \| \sum C_j$：变速机，机器个数任意，最小化总完工时间.

- 可中断问题.

$P | \text{pmtn} | C_{\max}$：同速机，机器个数任意，工件加工可中断，最小化时间表长.

$Q | \text{pmtn} | C_{\max}$：恒速机，机器个数任意，工件加工可中断，最小化时间表长.

$Q | \text{pmtn} | \sum C_j$：恒速机，机器个数任意，工件加工可中断，最小化总完工时间.

$R | \text{pmtn} | C_{\max}$：变速机，机器个数任意，工件加工可中断，最小化时间表长.

$P | r_j, \text{pmtn} | L_{\max}$：同速机，机器个数任意，工件陆续到达，工件加工可中断，最小化最大延迟.

$R | \text{pmtn} | L_{\max}$：变速机，机器个数任意，工件加工可中断，最小化最大延迟.

$P | \text{pmtn} | \sum U_j$：同速机，工件加工可中断，最小化总误工工件数.

- 有偏序约束问题.

$P | \text{intree}, p_j = 1 | C_{\max}$：同速机，机器个数任意，工件偏序约束符合入树模型，工件加工长度均为 1，最小化时间表长.

$P | \text{intree}, p_j = 1 | \sum C_j$：同速机，机器个数任意，工件偏序约束符合入树模型，工件加工长度均为 1，最小化总完工时间.

$P | \text{prec}, p_j = 1 | C_{\max}$：同速机，机器个数任意，工件带有偏序约束，工件加工长度均为 1，最小化时间表长.

$P | \text{intree}, p_j = 1 | L_{\max}$：同速机，机器个数任意，工件偏序约束符合入树模型，工件加工长度均为 1，最小化最大延迟.

$P_2 | \text{prec}, p_j = 1 | C_{\max}$：2 台同速机，机器个数任意，工件带有偏序约束，工件加工长度为 1，最小化时间表长.

附录 D 部分确定性排序问题的复杂性

附录 D 对部分确定性排序问题的复杂性进行分类. 假设处理机数是固定的.

1 多项式时间算法问题

1.1 单处理机

$1\,|\,r_j,\ p_j=1,\ \text{prec}\,|\,\sum C_j.$ $\qquad$ $1\,|\,r_j,\ \text{pmtn}\,|\,\sum C_j.$

$1\,|\,tree\,|\,\sum w_j C_j.$ $\qquad$ $1\,|\,\text{prec}\,|\,L_{\max}.$

$1\,|\,r_j,\ \text{pmtn},\ \text{prec}\,|\,L_{\max}.$ $\qquad$ $1\,||\,\sum U_j.$

$1\,|\,r_j,\ p_j=1\,|\,\sum w_j U_j.$ $\qquad$ $1\,|\,r_j,\ p_j=1\,|\,\sum w_j T_j.$

1.2 车间作业

$O_2\,||\,C_{\max}.$ $\qquad$ $O_m\,|\,r_j,\ \text{pmtn}\,|\,L_{\max}.$

$F_2\,|\,\text{block}\,|\,C_{\max}.$ $\qquad$ $F_m\,|\,p_{ij}=p_j\,|\,\sum C_j.$

$F_m\,|\,p_{ij}=p_j\,|\,L_{\max}.$ $\qquad$ $F_m\,|\,p_{ij}=p_j\,|\,\sum U_j.$

$J_2\,||\,C_{\max}.$

1.3 平行机

$P_2 | p_j = 1$，prec $|L_{\max}$.　　$Q_m | r_j$，$p_j = 1 | C_{\max}$.

$P_2 | p_j = 1$，prec $| \sum C_j$.　　$Q_m | r_j$，$p_j = 1 | \sum C_j$.

$P_m | p_j = 1$，tree $| C_{\max}$.　　$Q_m | $pmtn$| \sum C_j$.

$P_m | $pmtn，tree$| C_{\max}$.　　$Q_m | p_j = 1 | \sum w_j C_j$.

$P_m | p_j = 1$，outtree $| \sum C_j$.　　$Q_m | p_j = 1 | L_{\max}$.

$P_m | p_j = 1$，intree $| L_{\max}$.　　$Q_m | $pmtn$| \sum U_j$.

$P_m | $pmtn，intree$| L_{\max}$.　　$Q_m | p_j = 1 | \sum w_j U_j$.

$O_2 | $pmtn，prec$| C_{\max}$.　　$R_m | | \sum C_j$.

$O_2 | r_j$，pmtn，prec$| L_{\max}$.　　$R_m | r_j$，pmtn$| L_{\max}$.

2　NP-难问题

2.1　单处理机

$1 | | \sum w_j U_j$.　　$1 | r_j$，pmtn$| \sum w_j U_j$.

$1 | | \sum T_j$.

2.2　车间作业

$O_2 | $pmtn$\sum C_j$.　　$O_3 | | C_{\max}$.

$O_3 | $pmtn$| \sum w_j U_j$.

2.3　平行机

$P_2 | | C_{\max}$.　　$Q_m | | \sum w_j C_j$.

$P_2 \,|\, r_j, \text{ pmtn} \,|\, \sum C_j.$ $R_m \,|\, r_j \,|\, C_{\max}.$

$P_2 \,||\, \sum w_j C_j.$ $R_m \,||\, \sum w_j U_j.$

$P_2 \,|\, r_j, \text{ pmtn} \,|\, \sum U_j.$ $R_m \,|\, \text{pmtn} \,|\, \sum w_j U_j.$

$P_m \,|\, \text{pmtn} \,|\, \sum w_j C_j.$

3 强 NP-难问题

3.1 单处理机

$1 \,|\, r_j \,|\, \sum C_j.$ $1 \,|\, \text{prec} \,|\, \sum C_j.$

$1 \,|\, r_j, \text{ pmtn, tree} \,|\, \sum w_j C_j.$ $1 \,|\, r_j, \text{ pmtn} \,|\, \sum w_j C_j.$

$1 \,|\, r_j, \ p_j = 1, \text{ tree} \,|\, \sum w_j C_j.$ $1 \,|\, p_j = 1, \text{ prec} \,|\, \sum w_j C_j.$

$1 \,|\, r_j \,|\, L_{\max}.$ $1 \,|\, r_j \,|\, \sum U_j.$

$1 \,|\, p_j = 1, \text{ chains} \,|\, \sum U_j.$

3.2 车间作业

$F_2 \,|\, r_j \,|\, C_{\max}.$ $F_2 \,|\, r_j, \text{ pmtn} \,|\, C_{\max}.$

$F_2 \,||\, \sum C_j.$ $F_2 \,|\, \text{pmtn} \,|\, \sum C_j.$

$F_2 \,||\, L_{\max}.$ $F_2 \,||\, \text{pmtn} L_{\max}.$

$F_3 \,||\, C_{\max}.$ $F_3 \,|\, \text{pmtn} \,|\, C_{\max}.$

$O_2 \,|\, r_j \,|\, C_{\max}.$ $O_2 \,||\, \sum C_j.$

$O_2 \,|\, \text{pmtn} \,|\, \sum w_j C_j.$ $O_2 \,||\, L_{\max}.$

3.3 平行机

$P_2 \,|\, \text{chains} \,|\, C_{\max}.$ $P_2 \,|\, p_j = 1, \text{ tree} \,|\, \sum w_j C_j.$

$P_2 \mid \text{chains} \mid \sum C_j.$ $\qquad$ $R_2 \mid \text{pmtn, chains} \mid C_{\max}.$

$P_2 \mid \text{pmtn, chains} \mid \sum C_j.$

附录 E 图与网络基本理论

1. 图的基本概念

一个集合中的元素及它们之间的某种关系称为图. 具体地说，图是一个二元组 (V, E)，其中集合 V 称为顶点集，集合 E 是 V 中元素组成的某些无序对的集合，称为边集.

例如，给定 $G = (V, E)$，其中 $V = \{v_1, v_2, v_3, v_4, v_5\}$，$E = \{(v_1, v_2), (v_2, v_3), (v_3, v_4), (v_3, v_5), (v_1, v_5), (v_1, v_5), (v_5, v_5)\}$ 便定义出一个图.

图的顶点集中的元素称为顶点，边集中的元素称为边. 将顶点 u, v 称为边 $e = (u, v)$ 的端点. 图 G 的顶点数目 $|V|$ 称为图 G 的阶，边的数目 $|E|$ 称为图 G 的边数.

下面给出图的一些基本的术语和概念，设 $G = (V, E)$ 为一个图，若在图 G 中点 v 是边 e 的一个端点，则称点 v 与边 e 在图 G 中相关联；若图 G 中两点 u, v 被同一条边相连，则称 u, v 在图 G 中相邻；若图中两条边只是有一个公共端点，则称着两条边在图中相邻；图中两端点重合的边称为环边；设 u 和 v 是图 G 的顶点，图 G 中连接 u 和 v 的两条或两条以上的边称为图 G 中 u, v 间的重边；既无环边也无重边的图称为简单图；任意两点间都有一条边的简单图称为完全图；边集为空的图称为空图；边集为空且只有一个顶点的图称为平凡图；边集和顶点集都为空的图称为零图. 图 G 中顶点 v 所关联的边的数目（环边计两次）称为顶点 v 的度，记为 $d_G(v)$ 或 $d(v)$. 图 G 的最大度记 $\Delta(G) = \max\{d_G(v) | v \in V(G)\}$；图 G 的最小度记

$$\delta(G) = \min\{d_G(v) \mid v \in V(G)\}.$$

子图：对图 G 和 H，如果 $V(H) \subseteq V(G)$ 且 $E(H) \subseteq E(G)$，则称图 H 是图 G 的子图，记为 $H \subseteq G$．

生成子图：若 H 是 G 的子图且 $V(H) = V(G)$，则称图 H 是图 G 的生成子图．

点导出子图：设 G 是一个图，$V' \subseteq V(G)$．以 V' 为顶点集，以 G 中两端点均属于 V' 的所有边作为边集所组成的子图，称为 G 的由顶点集 V' 导出的子图，简称 G 的点导出子图．

边导出子图：设 G 是一个图，$E' \subseteq E(G)$．以 E' 为边集，以 E' 中边的所有端点作为顶点集所组成的子图，称为 G 的由边集 E' 导出的子图，简称 G 的边导出子图．

设 $V' \subseteq V(G)$，$E' \subseteq E(G)$，常用 $G - V'$ 表示从图 G 中删除顶点子集 V'（连同它们关联的边一起删去）所获得的子图，用 $G - E'$ 表示从 G 中删除边子集 E'（但不删除它们的端点）所获的子图．

图 G 中一个点边连续交替出现的序列 $w = v_0 e_1 v_1 e_2 \cdots e_k v_k$ 称为图的一条途径，其中 v_0，v_k 分别称为路径 w 的起点和终点．图 G 中边不重复出现的途径称为迹；顶点不重复出现的迹称为路．若在图 G 中任意两点之间由路相通，则称该图为连通图．

2. 最短路问题

对图 G 的每条边 e，赋以一个实数 $w(e)$，称为边 e 的权．每条边都赋有权的图称为赋权图．权在不同的问题里会有不同的涵义，例如在交通网络中，权可能表示运费、里程或道路的造价等．对 G 中的一条路 P，其权定义为 $W(P) = \sum_{e \in P} w(e)$．

最短路问题：给定赋权图 G 及 G 中两点 u，v，求 u 到 v 的具有最小权的路（称为 u 到 v 的最短路）．

最短路问题有很多算法，其中最基本的一个即为 Dijkstra 算法．假设赋权图 G 中所有边都具有非负权．算法的目标是求出 G 中某个指定的顶点 v_0

到其他所有点的最短路. 它依据的基本原理是：若路 $P = v_0 v_1 \cdots v_{k-1} v_k$ 是从 v_0 到 v_k 的最短路，则 $P' = v_0 v_1 \cdots v_{k-1}$ 必是从 v_0 到 v_{k-1} 的最短路. 基于这一原理，算法由近及远地逐次求出 v_0 到其他各点地最短路. 相关的图论教材中都有关于此算法的具体介绍，我们在这里仅简单给出算法的步骤.

Dijkstra 算法：求非负权赋权图中 v_0 到其余各点的最短路.

输入：非负权赋权图 G，G 中指定顶点 v_0.

输出：G 中从 v_0 到其余各点的最短路.

Step1：令 $l(v_0)$：$= 0$，$l(v)$：$= \infty (v \neq v_0)$，S：$= \{v_0\}$，$\bar{S}$：$= V \setminus S$，$i = 0$.

Step2：对每个 $v \in \bar{S}$，令 $l(v)$：$= \min\{l(v), l(v_i) + w(v_i v)\}$.

取 $v^* \in \bar{S}$ 使得 $l(v^*) = \min\limits_{v \in \bar{S}}\{l(v)\}$. 记 $v_{i+1} = v^*$，令 S：$= S \cup \{v_{i+1}\}$，$\bar{S}$：$= V \setminus S$.

Step3：令 i：$= i + 1$. 如果 $i = n - 1$，则停止，输出各点标号并反向追溯最短路；否则，转 Step2.

Dijkstra 算法采用标号方法，算法执行中，给每个点 v 都附一个标号 $l(v)$，表示当前已经算出的从 v_0 到该点的最短路的长度 $d(v_0, v)$. 算法每轮循环都考虑修改点 v 的标号，如果通过此前刚刚进入 S 集合的点 v_i 到 v 的连边不能获得更短的 (v_0, v) 路，则该点保持原有标号 $l(v)$；否则，修改该点标号 $l(v)$：$= l(v_i) + w(v_i v)$，当前 v_0 到 v 的最短路应由 v_0 到 v_i 的最短路及边 $v_i v$ 构成.

标号法的基本原理是累进比较. 初始时，$l(v_0)$：$= 0$，$l(v)$：$= \infty (v \neq v_0)$，S：$= \{v_0\}$，$\bar{S}$：$= V \setminus S$. 然后算法逐步修改 $\bar{S}$ 中顶点的标号. 第 i 步时，对 $\bar{S}$ 中每个 v，只对刚进入 S 的点 v_i 计算 $d(v_0, v_i) + w(v_i v)$ [$l(v_i) + w(v_i v)$]，并与 $l(v)$ 进行比较，取其较小的一个作为新标号，即 $l(v)$：$= \min\{l(v), l(v_i) + w(v_i v)\}$. 因为对在 v_i 之前进入 S 的点 v_0，v_1，$\cdots$，v_{i-1}，$d(v_0, v_k) + w(v_k v)$（$k = 1, 2, \cdots, i - 1$）的值及其大小信息已经含于 $l(v)$ 之中，因此只需计算值 $d(v_0, v_i) + w(v_i v)$，并将其与此前记录的

最短路的长度 $l(v)$ 进行比较即可，而不必对所有的点 $v_i \in S$ 都重新计算 $d(v_0, v_i) + w(v_i v)$ 且比较出一个最小的，从而避免了重复计算和比较.

标号法实现算法主要包括两个过程：（1）修改各点的标号；（2）从 $\bar{S}$ 的所有点中取标号最小的一个点，放入 S 中. 某个点被放入 S 集合后，它的标号称为永久标号，不再被修改. 算法反复执行上述过程，直至所有顶点获得永久标号（被放入 S 中）为止. 算法结束时，对任意一个顶点 v，其标号 $l(v)$ 恰是 v_0 到 v 的最短路的长. 且该算法的复杂度为 $O(n^2)$.

3. 最小生成树问题

不含圈的图称为森林，不含圈的连通图称为树. 设 T 是图 G 的一个子图，若 T 是一棵树，且 $V(T) = V(G)$，则称 T 是 G 的一个生成树. 可以证明每个连通图都有生成树.

定理 1 下列命题等价：

（1）G 是树；

（2）G 中无环边且任二顶点之间有且仅有一条路；

（3）G 中无圈且 $|E(G)| = |V(G)| - 1$；

（4）G 连通且 $|E(G)| = |V(G)| - 1$；

（5）G 连通且对任何 $e \in E(G)$，$G - e$ 不连通；

（6）G 中无圈且对任何的 $e \in E(\bar{G})$，$G + e$ 恰有一个圈.

在赋权图 G 中，求权最小的生成树（简称最小生成树）. 即求 G 的一棵生成树 T，使得

$$W(T) = \min_T \sum_{e \in T} w(e).$$

我们给出两个经典的求最小生成树的算法.

一是 Kruskal 算法.

算法思想：先从图 G 中找出权最小的一条边作为最小生成树的边，然后逐次从剩余边中选边添入最小生成树中，选边原则为：每次挑选不与已选边构成圈的边中权最小的一条，直至选出 $|V(G)| - 1$ 条边为止.

算法步骤：

输入：赋权连通图 G.

输出：G 的最小生成树 T.

Step1：取 $e_1 \in E(G)$ 使得 $w(e_1) = \min\limits_{e \in G}\{w(e)\}$，令 $i:=1$.

Step2：取 $e_{i+1} \in E(G) \setminus \{e_1, e_2, \cdots, e_i\}$ 使得

(1) $G[\{e_1, e_2, \cdots, e_i, e_{i+1}\}]$ 不含圈；(2) e_{i+1} 是满足（1）的权最小的边.

Step3：当 $i + 1 = |V(G)| - 1$ 时，输出最小生成树 $G[\{e_1, e_2, \cdots, e_{|V(G)|-1}\}]$，算法停止；否则，令 $i:= i + 1$，转 Step2.

定理 2　设 $e_1, e_2, \cdots, e_{|V(G)|-1}$ 是 Kruskal 算法得到的边，则边导出子图 $G[\{e_1, e_2, \cdots, e_{|V(G)|-1}\}]$ 是 G 的最小生成树.

二是 Prim 算法.

算法思想：先从图 G 中找出权最小的一条边作为最小生成树的边，在算法任一轮循环中，设已经选出的边导出子图为 G'，从 G' 的顶点向 G' 以外顶点的连边为 E'，则选择 E' 中权最小的边向 G' 中添加，如此反复循环直至选出 $|V(G)| - 1$ 条边为止.

Prim 算法与 Kruskal 算法的根本区别在于：Kruskal 算法在保持无圈的基础上选边，而 Prim 算法在保持连通的基础上选边. Prim 算法的添边过程实际上是树的生长过程. Kruskal 算法的添边过程一般情况下是森林合并为树的过程.

算法步骤：

输入：赋权连通图 G.

输出：G 的最小生成树 T.

Step1：任取 $v_0 \in V(G)$，令 $S_0 = \{v_0\}$，$\overline{S_0} = V(G) \setminus S_0$，$i:= 0$，$E_0 = \varnothing$.

Step2：求 S_i 到 $\overline{S_i}$ 间权最小的边 e_{i+1}，设 e_{i+1} 的属于 $\overline{S_i}$ 的端点为 v_{i+1}，令 $S_{i+1}:= S_i \cup \{v_{i+1}\}$，$\overline{S_{i+1}} = V(G) \setminus S_{i+1}$，$E_{i+1}:= E_i \cup \{e_{i+1}\}$.

Step3：当 $i + 1 = |V(G)| - 1$ 时，输出最小生成树 $G[\{e_1, e_2, \cdots,$ $e_{|V(G)|-1}\}]$，算法停止；否则，令 $i: = i + 1$，转 Step2.

定理 3 设 $e_1, e_2, \cdots, e_{|V(G)|-1}$ 是 Prim 算法得到的边，则边导出子图 $G[\{e_1, e_2, \cdots, e_{|V(G)|-1}\}]$ 是 G 的最小生成树.

4. 有向图的基本概念

定义 1 每条边都有一个方向的图称为有向图（digraph，directed graph）. 一个有向图 $\vec{G}$ 是一个有序二元组 $(V(\vec{G}), A(\vec{G}))$，其中集合 $V(\vec{G})$ 是非空的顶点集，其元素称为顶点，集合 $A(\vec{G})$ 是 $V \times V$ 的一个子集（有序对，元素可重复），它是带有方向的边的集合，称为弧集，$A(\vec{G})$ 中的元素称为弧（arc）或有向边（directed edge）.

例如，设 $\vec{G} = (V, A)$，其中 $V = \{v_1, v_2, v_3, v_4, v_5\}$，

有序对集合 $A = \{(v_1, v_2), (v_2, v_3), (v_2, v_3), (v_3, v_4), (v_3, v_5), (v_1, v_5), (v_5, v_1), (v_5, v_5)\}$，

便定义出一个有向图.

对有向图中的一条弧 $a = (u, v)$，顶点 v（即 a 的箭头指向的顶点）称为弧 a 的头（或终点），顶点 u 称为弧 a 的尾（或始点）. 头、尾顶点相同的弧称为环弧，两条具有相同头顶点和相同尾顶点的弧称为并行弧. 既无环弧又无并行弧的有向图称为简单有向图.

设 v 是有向图 $\vec{G}$ 的一个顶点，v 的出度 $d_{\vec{G}}^+(v)$ 是指从 v 出发的弧的数目；v 的入度 $d_{\vec{G}}^-(v)$ 是指指向 v 的弧的数目. 出度和入度可以简写为 $d^+(v)$ 和 $d^-(v)$. v 的出度和入度之和称为 v 的度，记为 $d(v)$，即 $d(v) = d^+(v) + d^-(v)$. 顶点 v 的出邻集 $N_{\vec{G}}^+(v) = \{u | (v, u) \in A(\vec{G})\}$；顶点 v 的出邻集 $N_{\vec{G}}^-(v) = \{u | (u, v) \in A(\vec{G})\}$

前面我们提到的图的边不带有方向，把这类图称为无向图，若给无向图 G 的每条边确定一个方向，便可得到一个有向图，该有向图称为 G 的一个定向图，而 G 称为这个有向图的基础图或底图（underlying graph）.

有向图的一条有向途径是指一个有限非空序列 $w = v_0 a_1 v_1 a_2 \cdots a_k v_k$，各

项交替地出现顶点和弧，使得 $a_i = (v_{i-1}, v_i)$，$(i = 1, 2, \cdots, k)$．弧不重复出现地有向途径称为有向迹；顶点不重复出现地有向途径称为有向路；首尾相接的有向路称为有向圈．

定义 2 设 $\vec{G}$ 是一个有向图，若 $\vec{G}$ 的底图 G 是连通图，则称 $\vec{G}$ 是弱连通的；若对 $\vec{G}$

的任意两个顶点 u，v，在 $\vec{G}$ 中要么存在有向路 $P(u, v)$，要么存在有向路 $P(v, u)$，则称 $\vec{G}$ 是单连通的；若对 $\vec{G}$ 中既存在有向路 $P(u, v)$，又存在有向路 $P(v, u)$，则称 $\vec{G}$ 是强连通的(或称双向连通的)．

5. 网络与网络流

（1）网络与网络流的基本概念．

现实应用中经常需要考虑网络及网络上的流，比如公路货运或客运网络、输电网络、油气管线网络、通信网络等等．这些网络的共同特点是：都有发点、收点、中转点的有向图，每条弧上都有传输能力的限制．

定义 3 一个网络 $G = (V, A)$ 是指一个连通无环弧且满足下列条件的有向图：

（1）有一个顶点子集 X，其每个顶点的入度都为 0；

（2）有一个与 X 不相交的顶点子集 Y，其每个顶点的出度都为 0；

（3）每条弧斗鱼一个非负的权值，称为弧的容量．

上述网络 G 可记作 $G = (V, X, Y, A, C)$，X 称为网络的发点集或源点集，Y 称为网络的收点集或汇点集，网络中的其他顶点称为中转点，C 称为网络的容量函数，为定义在弧集 A 上的非负函数．如果一个网络中的源点集和汇点集都只含一个顶点，则称该网络为单源单汇网络．任一网络 $G = (V, X, Y, A, C)$ 都可导出一个单源单汇网络，方法如下：

（1）给 N 添加两个新顶点 s 和 t；

（2）对 $\forall x \in X$，从 s 向 x 连一条弧，其容量为 ∞［或 $\sum_{v \in N^+(v)} c(x, v)$］；

（3）对 $\forall y \in Y$，从 y 向 t 连一条弧，其容量为 ∞［或

$$\sum_{u \in N^-(y)} c(u, y)];$$

新添加的顶点 s 和 t 分别称为人工源和人工汇. 由于多源多汇网络中的流问题均可转化为单源单汇网络中的流问题, 接下来的讨论主要考虑单源单汇网络.

定义 4 网络 $G = (V, X, Y, A, C)$ 中一个可行流是指定义在 A 上的一个整值函数 f, 使得:

(1) 对 $\forall a \in A$, $0 \leq f(a) \leq c(a)$; (容量约束)

(2) 对 $\forall v \in V - (X \cup Y)$, $f^-(v) = f^+(v)$; (流量守恒)

其中 $f^-(v)$ 表示点 v 处入弧上的流量之和, $f^+(v)$ 表示点 v 处出弧上的流量之和.

设 f 是网络 $G = (V, X, Y, A, C)$ 中的一个可行流, 则必有 $f^+(X) = f^-(Y)$, $f^+(X)$ 称为流 f 的流量, 记为 $Valf$, G 中流量最大的可行流称为 G 的最大流.

定义 5 设 $G = (V, x, y, A, C)$ 是一个单源单汇网络, $S \subseteq V$, $\overline{S} = V - S$. 用 $(S, \overline{S})$ 表示尾在 S 中而头在 $\overline{S}$ 中的所有弧的集合 (从 S 中的点指向 S 之外点的所有弧之集). 若 $x \in S$, 而 $y \in \overline{S}$, 则称弧集 $(S, \overline{S})$ 为网络 G 的一个割. 一个割 $(S, \overline{S})$ 的容量是指 $(S, \overline{S})$ 中各条弧的容量之和, 记为 $Cap(S, \overline{S})$. 网络 G 的一个割 K 称为最小割, 如果网络 G 中不存在割 K' 使得 $CapK' < CapK$.

引理 4: 对网络 G 中任一流 f 和任一割 $(S, \overline{S})$, 均有 $Valf = f^+(S) - f^-(S)$.

定义 设 $G = (V, x, y, A, C)$ 是一个网络, f 是 G 的一个可行流. 对 G 中任一条弧 a,

若 $f(a) = 0$, 则称 a 是 f 零的;

若 $f(a) > 0$, 则称 a 是 f 正的;

若 $f(a) = c(a)$, 则称 a 是 f 饱和的;

若 $f(a) < c(a)$, 则称 a 是 f 非饱和的;

定理 5 对网络 G 中任一可行流 f 和任一割 $K = (S, \bar{S})$,均有 $\mathrm{Val}f \leqslant$ $\mathrm{Cap}K$. 其中等式成立当且仅当 $(S, \bar{S})$ 中每条弧都是 f 饱和的而 $(\bar{S}, S)$ 中每条弧都是 f 零的.

推论 6 设 f 是网络 G 的一个可行流, K 是 G 的一个割, 若 $\mathrm{Val}f = \mathrm{Cap}K$, 则 f 是最大流而 K 是最小割.

定义 6 设 u , v 是网络 $G = (V, x, y, A, C)$ 中任意两点, P 是 G 的底图中一条连接 u 和 v 的(无向)路,若规定路 P 的走向为从 u 到 v ,则称这样规定了走向的路 P 为网络 G 中一条从 u 到 v 的路,简称为 $u - v$ 路. 特别地,一条从源点 x 到汇点 y 的路称为一条 $x - y$ 路.

定义 7 设 $P = uv_1 \cdots v_k v$ 是网络 $G = (V, x, y, A, C)$ 中一条 $u - v$ 路, 若弧 $(v_i, v_{i+1}) \in A$,则称此弧为 $u - v$ 路 P 上的一条正向弧,若弧 $(v_{i+1}, v_i) \in A$,则称此弧为 $u - v$ 路 P 上的一条反向弧. 将 $u - v$ 路 P 所经过的弧 (无论正向弧或反向弧) 称为路 P 上的弧.

定义 8 设 f 是网络 $G = (V, x, y, A, C)$ 中的一个可行流, u 是 G 中任意一点, P 是 G 中一条 $x - u$ 路. 如果对路 P 上的任一条弧 a ,都有

(1) 若弧 a 是 P 的正向弧, 则 $c(a) - f(a) > 0$;

(2) 若弧 a 是 P 的反向弧, 则 $f(a) > 0$.

则称 P 是 N 中一条 f 可增 $x - u$ 路. 特别地, G 中一条 f 可增 $x - y$ 路简称为 G 的一条 f 可增路.

对 G 中任一条 f 可增路 P 和 P 上任一条弧 a ,令

$$\Delta f(a) = \begin{cases} c(a) - f(a), & \text{若 } a \text{ 是 } P \text{ 的正向弧} \\ f(a), & \text{若 } a \text{ 是 } P \text{ 的反向弧} \end{cases}$$

则沿路 P 可增加的流量为 $\Delta f(P) = \min_{a \in P} \Delta f(a)$,该值称为 f 可增路 P 上流的增量或可增量.

下面我们给出最大流最小割定理:

定理 7 任意一个网络 $G = (V, x, y, A, C)$ 中,最大流的流量等于最小割的容量.

（2）最大流问题及其算法.

最大流问题：给定网络 $G = (V, x, y, A, C)$，如何求 G 中的最大流？

由可增路的概念，对网络 G 中一个可行流 f，如果能找到 G 中一条 f 可增 $x - y$ 路 P，则可沿着 P 修改流的值，得到一个流量更大的可行流 $\hat{f}$. 修改办法如下：

$$\hat{f}(a) = \begin{cases} f(a) + \Delta f(P), & \text{若 } a \text{ 是 } P \text{ 的正向弧} \\ f(a) - \Delta f(P), & \text{若 } a \text{ 是 } P \text{ 的反向弧} \\ f(a), & a \text{ 不在 } P \text{ 上} \end{cases}$$

修改后的流量为 $Val\,\hat{f} = Val\,f + \Delta f(P)$.

这给出了求网络 G 的最大流的一个途径：反复找 G 中的可增路，沿可增路将流量扩大，直到找不出可增路为止.

定理 8 网络 $G = (V, x, y, A, C)$ 中的可行流 f 是 G 的最大流当且仅当 G 中不存在 f 可增路.

下面给出算法的具体步骤：

网络最大流的 Ford-Fulkerson 标号算法：

输入：网络 $G = (V, x, y, A, C)$.

输出：网络 G 中一个最大流.

Step1：对 $\forall a \in A$，令 $f(a) = 0$；

Step2：给源点 x 标号 (x, ∞). $L: = \{x\}$，$S = \varnothing$. 其中 L 表示已标未查集，S 表示已标已查集.

Step3：任取 $u \in L$，检查 u 的每个尚未标号的邻点 v：

（1）若 $v \in N^+(v)$，v 尚未标号且 $c(u, v) > f(u, v)$，则给 v 标号 $(u, +, l(v))$，其中

$l(v) = \min\{l(u), c(u, v) - f(u, v)\}$. 令 $L: = L \cup \{v\}$.

（2）若 $v \in N^-(v)$，v 尚未标号且 $f(v, u) > 0$，则给 v 标号 $(u, -, l(v))$，其中 $l(v) = \min\{l(u), f(v, u)\}$. 令 $L: = L \cup \{v\}$.

Step4：令 $L: = L - \{u\}$，$S: = S \cup \{u\}$. 若汇点 y 已被标号，则转 Step6；否则转下步.

Step5：若 $L = \varnothing$，则算法结束，当前流为最大流；否则转 Step3.

Step6：令 $z = y$．

Step7：若 z 的标号为 $[w, \ +, \ l(z)]$，则令 $f(w, z) = f(w, z) + l(y)$；若 z 的标号为 $[w, \ -, \ l(z)]$，则令

$f(z, \ w) = f(z, \ w) - l(y)$．转下步．

Step8：若 $w \neq x$，则令 $z = w$，转 Step7；否则，去掉所有的顶点标号，转 Step2.

算法中的第 2 步–第 5 步时找可增路的反复标、查过程，第 6 步–第 8 步时反向追踪找

到的可增路并逐条弧修改流的循环过程．

定理 9　标号算法结束时所得到的流是最大流．

求网络最大流问题除了标号算法外，还有其他一些经典算法．